AF309738

Deux Orphelins.

DEUX

ORPHELINS

SOUS LA TERREUR.

———

4º SÉRIE GRAND IN-8º.

Propriété des Éditeurs,

DEUX

ORPHELINS

SOUS LA TERREUR

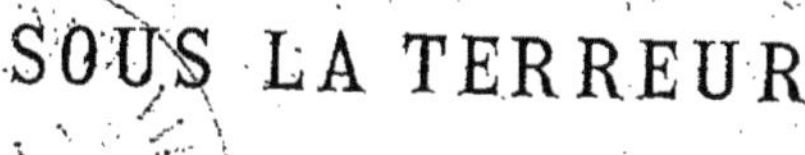

PAR M. MICHEL

AUTEUR DE FLORIEN.

LIMOGES

EUGÈNE ARDANT ET Cie, ÉDITEURS.

DEUX ORPHELINS

SOUS LA TERREUR

INTRODUCTION.

Le 22 novembre 1817, vers la tombée de la nuit, un homme arriva chez moi, me demandant l'hospitalité. Cette visite inattendue me causa, d'abord, une surprise qui n'échappa pas à l'étranger. — Rassurez-vous, me dit-il, je ne suis pas un malfaiteur. Je connais votre famille, et voilà pourquoi j'y viens avec confiance. Vous apprécierez les motifs qui me font choisir cette heure.

Cette franchise, accompagnée d'un air d'honnêteté, je dirais presque de dignité, qui respirait dans toute sa personne, me plut beaucoup, et je l'accueillis avec cordialité.

Durant la soirée, notre entretien fut court et borné à des sujets sans importance. Le lendemain, mon hôte saisit l'occasion de renouer la conversation de la veille. Je ne tardai guère à m'apercevoir qu'il prenait un grand intérêt aux affaires de ma famille. Sa réserve cachait mal sa curiosité, et piquait d'autant plus la mienne. Bientôt, n'y tenant plus, il se jeta dans mes bras en disant :

— Mon cher Raoul, avez-vous oublié Robert Milner? Vous étiez, il est vrai, encore bien jeune lorsque je quittai la contrée. Tout, en vous, me rappelle votre excellent père, l'un de mes meilleurs amis.

Il disait vrai; mon père l'aimait beaucoup; souvent il me parlait de cet infortuné Robert Milner. Quoique je n'eusse pu garder le souvenir de ses traits, il me sembla le reconnaître, tant il était conforme à la peinture qu'on m'en faisait. La joie que j'éprouvai en l'entendant décliner son nom lui prouva suffisamment combien je partageais les sentiments de mon père envers lui.

Robert Milner naquit sur les frontières du Rhin, dans une contrée devenue française. Très jeune encore, il perdit ses parents et fut placé, avec une sœur, moins âgée que lui, sous la tutelle d'un célibataire, leur oncle maternel, appelé Georges Réville. Les deux orphelins possédaient une belle fortune, sans parler de la succession de leur tuteur, qui leur était promise.

Ici je laisse la parole à Robert Milner, me contentant de rapporter le récit de ses aventures tel, autant que possible, que je le reçus de sa bouche, durant les quelques semaines que nous passâmes ensemble.

––––––––

I. — Marien. — Pénible surprise.

— Pour notre malheur, commença Robert, ma sœur et moi nous vécûmes en des temps difficiles; et, éclairés des leçons de l'expérience, nous fûmes condamnés à de longues et pénibles épreuves.

Mon oncle s'était fait l'ami d'un homme devenu tout-puissant avec l'affreux régime de la Terreur, sous lequel gémissait la France entière. Nous étions, alors, au mois d'avril de l'an 1794. La République, proclamée le 22 septembre 1792, subissait la domination des comités de Paris, placés sous la direction de Robespierre, Couthon et Saint-Just.

Marien, le nouvel ami de mon oncle, jouissait d'un crédit presque illimité. Il le devait à ses intrigues et à ses délations. Il sortait d'une famille obscure et assez mal famée. Pendant son séjour de plusieurs années dans la capitale, il s'était fait connaître par un grand zèle révolutionnaire dont le principal fruit fut de lui gagner la con-

fiance des trois dictateurs. A la chute des Giron-
dins, on l'envoya dans son pays, en qualité de
proconsul, avec un traitement considérable et
dés pouvoirs très étendus. Cet homme, fin et
rusé autant qu'entreprenant et ambitieux, réunis-
sait en lui deux qualités propres à subjuguer
les masses : certaine souplesse de dehors et une
grande faconde.

Des rapports intimes s'étaient établis entre lui
et mon oncle. Georges Réville, oubliant les traditions de sa famille, suivait le courant révolutionnaire au point de rechercher les faveurs d'un
homme qui n'aurait dû lui inspirer que du mépris et de l'horreur. Marien avait signalé son autorité par des actes aussi infâmes que féroces.
En tout autre temps, l'indignation publique en
eût fait justice; alors il fallait se taire et endurer, d'autant plus que le monstre savait colorer
tout ce qu'il faisait. La crainte, l'intérêt et tant
de mauvaises passions lui procuraient de nombreux partisans; et, d'ailleurs, comment oser lui
résister?

Mon oncle, dominé par cet homme, nous tenait
dans une sujétion rigoureuse. Il surveillait nos
pas et nos paroles. Nous avions à nous défier des
personnes chargées de nous servir. Je me gardais de le contredire en rien; ma sœur seule
prenait quelquefois cette liberté. Du reste, il ne
manquait pas d'égards envers nous. Il cherchait

plutôt à nous insinuer ses opinions qu'à nous les imposer. Ses procédés témoignaient même de son affection. Pour ne pas nous trouver compromis en quelque chose, il nous interdisait toutes relations avec nos meilleurs amis. Il espérait, sans doute, avec des soins et des ménagements, nous convertir à ses idées, et nous épargner ainsi des épreuves trop certaines; le temps manqua à ses desseins.

Il était un ami, parmi tant d'autres, avec lequel j'avais su conserver des rapports secrets. Charles appartenait à une famille honorable des environs, épargnée jusqu'alors, grâce à la prudence de ses membres, et peut-être à l'estime dont elle jouissait dans le public. Ne consultant que nos sympathies et les convenances, nous avions, à l'insu de mon oncle, concerté son projet de mariage avec ma sœur. Les parents de Charles l'approuvaient, et ma sœur y donnait volontiers son consentement. Mon oncle, livré à lui seul, se serait peut-être rendu à nos désirs; mais, sous l'influence de Marien, il nous laissait plutôt à craindre qu'à espérer. Pour ne point nous exposer à des contre-coups ou à des malheurs, nous résolûmes de tenir notre projet dans le mystère, attendant des temps meilleurs qui, selon nos calculs, arriveraient bientôt, vu la violence du mal et la lassitude de la France.

A une certaine distance de notre localité, se

trouve un lieu solitaire aux aspects les plus pittoresques. C'est une vallée étroite et sauvage entre deux montagnes hérissées de rochers en quelques endroits, et couvertes de hêtres épais en quelques autres. Une rivière rapide la coupe en deux. Charles et moi, nous avions choisi ce désert pour nous entretenir de nos desseins les plus chers, nous communiquer nos peines et nos espérances, et rêver mille plans dont le succès ne nous paraissait pas toujours sûr.

Nos entretiens avaient lieu dans une sorte de caverne creusée dans un énorme rocher, à une courte distance de la rivière. Nous venions à ce rendez-vous aussi souvent que possible. Depuis quelques mois, nos rencontres y devenaient plus rares, à cause de l'espionnage exercé partout. Ce jour-là, notre conversation roulait sur cette union de famille tant désirée par mon ami. Au moment même où, affermis dans je ne sais quel espoir, nous jouissions des douces perspectives d'un avenir prochain, un bruit frappa nos oreilles. Charles fit quelques pas vers l'issue de la caverne, et aperçut, sans être vu, deux hommes, Georges et Marien, qui se promenaient en causant assez vivement sur le bord de la rivière. Il revint aussitôt, en disant tout bas :

— Nous sommes perdus ; ton oncle et son ami viennent ici.

A ces mots, tombés sur moi comme un coup

de foudre, nous nous serrâmes instinctivement,
l'un et l'autre, contre l'âpre paroi de la grotte,
comme si nous eussions pu nous effacer entièrement; nous nous tînmes là immobiles et muets,
sous l'impression de la peur.

Les deux interlocuteurs s'approchèrent presque aussitôt. Heureusement, le rocher qui nous
servait d'asile arrêtait les rayons du soleil sur
son déclin, et projetait au loin la fraîcheur de
son ombre. Cette journée du mois d'avril avait
été très chaude. Georges et Marien, pour respirer un air plus pur, s'assirent au côté droit de
l'entrée de la caverne, sur un banc de pierre
formé par la nature. Leur conversation n'avait
pas été interrompue; nous étions à portée de
l'entendre, nous n'en perdions pas un mot.

— Tu crois donc, tout bien considéré, dit
Marien, que cette affaire peut marcher?

— Je ne prévois qu'une difficulté, répondit
mon oncle.

— Laquelle? reprit Marien d'un ton de surprise presque menaçant.

— Mon cher ami, continua mon oncle, tu veux
que je parle avec franchise ; je ne crois donc pas
te manquer en déclarant, sans détours, tout ce
que je pense.

— C'est juste; eh bien! explique-toi clairement.

— Ma nièce, tu le sais bien, n'a pas fait son

éducation auprès de moi. Cette enfant était toute formée quand la perte de ses parents l'a conduite sous ma tutelle. Tu connaissais ma sœur; tu sais combien elle était dévote. La fille se ressent des principes de la mère.

— Tu ne cherches pas à les combattre?

— Jusqu'à présent je n'ai rien négligé pour lui en insinuer d'autres; je ne crois pas avoir complètement réussi. Je n'ose pas user de rigueur. Elle est si bonne, si douce, si prévenante, cette aimable enfant; on ne voudrait pas la contrister. Qu'importent, d'ailleurs, de telles idées dans son esprit? Sois bien sûr qu'elles ne troubleront ni la paix ni les joies du ménage. Elle les gardera pour elle; personne n'y fera attention, et tout ira son train.

— Je suis assez de ton avis; où donc vois-tu quelque difficulté?

— Berthe n'aime pas les mariages simplement civils; elle voudra que le sien reçoive la bénédiction d'un prêtre; voilà ce que je crains. Où trouver un prêtre à sa convenance? Elle ne se contentera pas du premier venu; ainsi elle ne voudra d'aucun de ceux qui ont prêté le serment civil du clergé.

Sur les réflexions de mon oncle, il y eut un moment de silence. Tout-à-coup, Marien, comme un homme qui a subitement conçu et arrêté son plan, dit à Georges :

— Un prêtre comme tu l'entends... Eh! justement, nous en avons un; l'ancien curé n'a pas quitté le pays; je viens d'en être informé. Il a trouvé le moyen de se soustraire à notre vigilance; il n'y réussira pas longtemps. J'ai mis à ses trousses des limiers qui sauront le dépister sans retard. Lorsqu'il sera entre mes mains, je le traiterai avec bienveillance; je lui montrerai toutes les bonnes dispositions qu'il peut souhaiter; je lui demanderai de bénir mon mariage avec ta nièce, avec promesse, de ma part, de lui procurer le moyen efficace de se sauver, aussitôt après la cérémonie, et puis nous verrons.

— Tiendras-tu parole? demanda mon oncle d'un ton équivoque.

— Comme on peut la garder, répliqua Marien, lorsqu'on tient encore à sa propre vie. Tu ne connais donc pas la rigueur du décret du 26 août 1792, qui condamne à la déportation tous les prêtres insermentés, et qui met, à présent, hors la loi tous ceux qu'on découvre sur le sol de la patrie, non-seulement eux, mais quiconque, les ayant découverts, n'exécute pas promptement à leur égard les arrêts de la justice?... Je le pressens, lorsque le coup sera frappé, ta nièce se fâchera; on donnera les mêmes raisons qui auront fermé la bouche au curé sous la main des juges et du bourreau : c'est-à-dire on répondra qu'on n'a pu réussir à faire évader le curé, et que, dès-lors, on n'a plus été maître de le sauver. Ma nouvelle épouse, touchée du rôle que je saurai jouer, s'apaisera. Tout cela est dur, j'en conviens, mais on ne peut reculer. Voilà pourquoi il est de toute nécessité que la cérémonie accordée à ta nièce s'accomplisse dans le plus grand mystère. Il serait même prudent de la cacher à Robert, quoique tu m'aies beaucoup vanté son caractère.

— Mon neveu, repartit mon oncle, est des nôtres, et, en tous cas, l'on peut compter sur sa discrétion.

— Es-tu bien sûr qu'il soit des nôtres? reprit Marien. L'as-tu bien sondé? l'as-tu bien surveillé?

— C'est justement parce que je l'examine et que je le surveille que je crois ne pas me tromper en le jugeant ainsi. Du reste, il est inutile de chercher à lui cacher un secret que sa sœur ne manquera pas de lui communiquer. Elle l'aime beaucoup, et lui accorde une confiance entière. Que cela ne te cause pas d'inquiétude, je réponds de tout.

— Néanmoins, il faut bien se garder de lui dévoiler nos intentions sur le sort du curé, ajouta Marien.

— C'est une autre affaire, dit mon oncle; ceci est un de ces mystères qui restent éternellement entre nous; ce sera encore mieux, Robert partagera l'illusion du curé. Il ne s'agit plus que de nous emparer de ce dernier.

— La chose est immanquable, affirma Marien; je possède déjà certaines données qui assurent un prompt résultat à mes recherches. Il importe seulement que nous ne soyons pas trompés sur les dispositions de ta nièce.

— Je ne m'avance pas trop, répondit mon oncle. Ma nièce ne m'a jamais parlé de toi qu'en termes qui annoncent son estime. Ne l'as-tu pas remarqué toi-même?

— Il est vrai, dit Marien, je l'ai trouvée assez gracieuse quand j'ai eu l'occasion de causer avec elle, et c'est même, je te l'avoue, ce qui m'a porté à demander sa main.

— Eh bien! ajouta mon oncle, que te faut-il de plus? Je vais, ce soir même, lui parler de cette affaire, et, demain, tu connaîtras sa pensée telle que je la devine. Dédaigner une si belle fortune serait insensé; et ce n'est ni le bon sens ni l'envie des honneurs qui manquent à ma nièce.

Les deux amis partirent en continuant leur entretien. Nous attendions qu'ils fussent bien loin avant de rompre le silence.

— C'en est donc fait, me dit Charles d'un ton alarmé, je ne dois plus espérer! Me poser en rival de Marien, ce serait vouer à la mort ta bonne sœur. Comment lutter contre un tel hom-

me et en des temps pareils?... s'il ne s'agissait
que de moi, je n'hésiterais pas un instant à déclarer mes intentions et à les soutenir. Qui m'eût
dit que ce monstre, absorbé dans ses rêves d'ambition et de tyrannie, serait accessible aux sentiments qu'il exprime. Est-ce bien là un penchant
pur et honnête? est-il permis de le croire, quand
on songe aux habitudes trop connues de ce proconsul? Et cependant faut-il se résigner et se
taire absolument?... oh non! le sentiment de
l'honneur, l'estime de la vertu nous imposent
d'autres soins.

— Charles, interrompis-je, je t'approuve; de
la prudence, soit; c'est un moyen nécessaire;
mais pas de défaillance en ce moment critique.
Je compte sur l'appui de la divine Providence.
En nous ménageant le moyen d'entendre la ré-
vélation d'un si triste projet, elle nous donne
l'espoir de le faire avorter. C'est, du moins, ainsi
que je conçois l'étrange rencontre qui nous a
livré le complot qui se trame dans l'ombre.

— Je partage ta confiance, reprit Charles. La
bonté divine ne saurait abandonner au caprice
d'un infâme intrigant l'innocence et les qualités
de Berthe. Pourtant Marien l'a trouvée gracieuse
envers lui, et Georges a prétendu qu'elle ne parlait de Marien qu'en termes propres à marquer
de l'estime.

— Ne sais-tu comprendre, repartis-je, la contrainte où elle est? Que les deux amis se fassent illusion au point de prendre sa prudence pour de l'amour, je n'en suis point étonné. Le désir de mon oncle l'aveugle, et l'orgueil de Marien lui fait croire que toutes les beautés du pays recherchent son choix. Il est tout fier de certains avantages physiques qu'il tient de la nature; il sait aussi être insinuant, quand cela devient nécessaire pour atteindre son but. Mais il ne réussira jamais auprès de ma sœur. Je sais qu'elle a le monstre en horreur, et qu'elle repoussera hardiment sa main si elle est réduite à se prononcer. Le ciel, je le répète, ne permettra pas qu'elle soit poussée à cette douloureuse extrémité. Il nous ouvrira une voie de salut. Notre devoir est de songer, sans aucun retard, à la découvrir et à y marcher. Tu sais, m'as-tu dit, la retraite du digne pasteur; tu l'as entendu, Marien a des données certaines. Sur-le-champ tu vas l'avertir de changer de lieu. Quant à moi, je cours mettre ma sœur au courant du dessein qu'on médite, et la préparer au rôle qu'elle aura à jouer.

Nous nous séparâmes, à ces mots, avec promesse de nous revoir, dans la nuit, pour nous communiquer nos renseignements et songer aux expédients exigés par les circonstances.

II. — Une arrestation.

Le soir du même jour, vers dix heures, on vint annoncer à Marien que le curé était arrêté. Charles n'avait pu le prévenir. Voici les circonstances de cette arrestation : grâce au dévouement et aux soins d'amis nombreux, le curé avait pu rester dans le pays, remplir même dans le secret les devoirs de son ministère, assister les malades, administrer les sacrements, et échapper aux investigations de la police. Marien eut avis de tout cela ; seulement, comme le curé n'avait pas de retraite fixe, le proconsul fut obligé d'employer plusieurs espions pour se saisir de sa personne.

Un de ces agents apprit, le jour même, qu'un homme était gravement malade dans une maison suspecte de fidélité aux anciennes pratiques. Il supposa que le moribond demanderait l'assistance du prêtre. Ayant pris deux hommes sûrs avec lui, il ne cessa de se tenir aux aguets, à une distance et en des endroits favorables à son but. Sa conjecture ne le trompa point. Le malade reçut la visite du bon curé ; celui-ci revenait à son lieu de refuge, à la faveur des premières ombres de la nuit. Le principal agent de Marien l'accosta au milieu d'un bois qu'il traversait pour se dérober aux périls dont il se sentait environné.

— Au nom de la loi, je t'arrète, dit l'homme de la police.

— Où voulez me conduire? dit le curé, sans faire la moindre résistance.

— Nous n'avons aucune explication à donner, répondit l'agent; marche, et voilà tout.

Le curé les suivit. A peine arrivés à leur destination, l'agent fut prendre les ordres de Marien. Celui-ci désigna une maison d'arrêt où le prisonnier se trouverait seul. Il engagea les trois hommes à aller se reposer, après avoir fait toutes leurs recommandations au concierge, ajoutant qu'il récompenserait leur zèle.

L'infortuné fut enfermé dans une pièce située au rez-de-chaussée, offrant tous les aspects d'un affreux cachot.

Une heure s'était à peine écoulée, lorsque la porte de cette prison s'ouvrit et laissa voir au prêtre, à la lueur d'une lanterne, le visage de Marien.

A cette apparition inattendue dans un tel moment, le curé sentit un frisson de terreur dans tous ses membres. Il crut qu'on venait le juger et le faire conduire à l'échafaud. Il demanda à Dieu de l'affermir dans sa foi et de lui donner la patience et le courage de souffrir pour lui. Quel ne fut pas son étonnement quand, au lieu des

paroles sinistres qui semblaient déjà retentir à
ses oreilles, il s'entendit saluer avec douceur et
bienveillance!

— Monsieur le curé, dit Marien d'une voix
émue et comme attendrie, je vous savais dans la
la contrée; je connaissais la plupart de vos lieux
de retraite; j'ai toujours fait semblant de l'ignorer. Souvent il m'arrivait des renseignements
que je ne cherchais pas, j'ai toujours réussi à n'y
pas donner suite: aujourd'hui, il n'était plus possible de reculer, sans me compromettre moi-
même. Les espions de la commune vous ont découvert et conduit ici. Pourtant, tout espoir n'est
pas perdu. Je veux me faire connaître à vous et
à deux ou trois autres personnes seulement.
Sans doute, l'on m'a représenté comme un homme fourbe, cruel, sanguinaire. Il est vrai, la tâche difficile que je remplis m'oblige à subir de
dures nécessités. Elle seule suffirait à justifier
cette triste réputation, sans parler des calomnies
de ceux qui me dénigrent, uniquement par envie et jalousie. Vous apprendrez par vous-même
combien l'on est injuste à mon égard. Pour le
moment, je vais être contraint d'user de rigueur.
Cette mesure est essentielle pour vous sauver
la vie à vous et à moi. Demain, de bonne heure,
je vous visiterai avec deux assesseurs. L'interrogatoire sera sévère. Ne vous alarmez pas; ce
sera pour dissiper tout soupçon d'entente entre

vous et moi. Je ne vous en dis pas davantage.
La prudence veut que je vous laisse. Je tenais à
vous donner ces avis. Adieu; songez à votre défense, c'est-à-dire à faire bonne contenance et à
vous modérer.

Tout cela avait été expliqué à voix basse. En
passant chez le concierge, Marien lui dit, avec
son air sombre qu'il savait prendre et quitter à
propos :

— Entends-tu, citoyen, veille à ce que l'oi-
seau ne s'échappe pas de la cage; tu en réponds
sur ta tête. Offre-lui du pain et de l'eau, et une
pierre pour reposer sa tête.

— Je suivrai vos ordres, répondit le concierge.

Le curé ne savait que penser de cette entrevue. Diverses idées assiégeaient son esprit. Marien avait si bien su se contrefaire, qu'il était
tenté de prendre au sérieux ses avances, et de
le considérer comme un homme mal connu ou
tout au moins converti; comme il ne parvenait
pas à dissiper entièrement ses doutes, il songea
à se recommander à la bonté divine.

— Mon Dieu, disait-il, donnez-moi la force de
supporter le martyre. Si je dois encore vivre,
que ce soit pour consacrer mes derniers jours aux
soins de ce troupeau confié à ma garde. Si je
suis déporté, comme tant d'autres de mes frères,
et que je sois condamné à me consumer dans
une lente et pénible agonie, dans les cales des

vaisseaux où sous un ciel malsain, accordez-
moi la résignation et la constance.

Ainsi se passa la nuit.

Vers le lever du soleil, Marien arriva avec
deux membres du comité révolutionnaire. Dans
l'interrogatoire qu'il fit subir au captif, il montra
toute la sévérité propre à dissiper tout soupçon
d'entente entre le juge et l'accusé. Le curé n'eut
garde d'oublier les conseils de modération qu'il
avait reçus la veille. En s'en retournant, Marien,
qui tenait à mener à bonne fin son dessein secret, dit à ses assesseurs :

— D'après des avis venus tout récemment du
comité de Paris, l'on ourdit, en divers lieux, et
particulièrement dans notre contrée, des complots contre la République. Les aristocrates en-
tretiennent des relations avec l'étranger, à qui
ils communiquent des plans de coopération. Ils
lui révèlent les combinaisons et les mouvements
des troupes, à tel point que l'on vient, de nouveau, de déclarer la patrie en danger. J'ai déjà
vu l'homme que nous avons interrogé; cet homme, vous avez pu le remarquer comme moi, est
peureux et lâche; il tient à la vie, la mollesse de
ses réponses le donne clairement à entendre.
Nous pouvons tirer un grand parti de ces dispositions. Ce prêtre a dû fréquenter des personnes
considérables, surtout durant les jours de sa retraite. Avant la révolution il se tenait de préfé-

rence chez les seigneurs. Evidemment, il n'a pu se soustraire, pendant si longtemps, à nos investigations que par l'intrigue et les facultés de ces hauts personnages. Il est hors de doute qu'il connaît leurs menées mystérieuses. Promettons-lui de le sauver s'il parle franchement, et s'il nous révèle tout ce qu'il sait. Qui peut dire l'importance des secrets que nous obtiendrons par ce moyen! peut-être allons-nous découvrir une conjuration prête à éclater et toute menaçante pour la République. Jugez du mérite que nous aurons aux yeux de nos chefs, délivrés par notre prudence d'un danger qu'ils ne soupçonnaient même pas, et néanmoins le plus à craindre de tous. Quand notre prisonnier nous aura tout dévoilé, nous savons ce qu'il nous reste à faire. Vous me comprenez, sans doute.

— A merveille, répondirent les assesseurs.

— Je conviens, reprit Marien, que je l'ai trop peu ménagé dans l'interrogatoire. Je déteste tellement cette race que, malgré moi, j'ai été plus loin que je n'aurais voulu. Je puis réparer le mal. Je vais faire certaines visites au curé; je le sonderai adroitement, et je saurai vous dire bientôt ce qu'il faut attendre de lui. Dans ce but, je pense que nous pouvons, sans crainte de manquer à notre mission, le garder quelques moments.

On goûta fort l'avis de Marien, et on lui donna

carte blanche au sujet du plan qu'il concevait. Marien n'en demandait pas davantage.

Quelques moments après être revenu chez lui, il reçut la visite de Georges Réville. Mon oncle venait faire part à son ami de sa conversation avec sa nièce. Avant de l'entendre, et, sans doute, afin de mieux l'encourager dans ses bonnes intentions, Marien lui apprit l'arrestation du curé, qu'on ne connaissait pas encore dans le public, attendu qu'on jugeait à propos de la tenir secrète jusqu'à nouvel ordre. Marien avait, sur ce point, fait les plus sévères injonctions.

— J'ai visité cet homme, ajouta-t-il. J'ai su m'y prendre de façon à gagner sa confiance. Il croit à mes promesses, si bien que je le suppose tout prêt à se réjouir de notre projet, et à lui prêter, selon notre plan et nos vœux, le concours de son ministère. Je ne lui ai point parlé de cette alliance; il convient que ce soit un autre.

— Je le comprends, dit mon oncle.

— Il s'agit maintenant, reprit Marien, de connaître les sentiments de la jeune personne.

— Je lui ai fait part de notre projet, repartit mon oncle.

— Eh bien! qu'a-t-elle répondu? demanda Marien.

— Ce que disent ordinairement les filles de son âge, répliqua mon oncle : « Je suis bien jeune pour me marier; puis-je prétendre à tant d'honneur; est-ce bien sérieusement qu'un tel personnage pense à moi? » Tout cela peut se traduire par un *oui* dissimulé qui arrivera après les instances d'usage.

— A ce compte-là, interrompit Marien, il ne faut pas jeter le manche après la cognée. As-tu communiqué cette affaire à Robert? qu'en pense-t-il?

— Robert, répondit mon oncle, paraît tout content, et il m'a promis de ne pas contrarier sa sœur, ajoutant qu'il est très éloigné de vouloir s'opposer à son bonheur.

J'avais prévenu mon oncle auprès de Berthe. J'avais instruit ma sœur des résolutions qu'on avait prises, et des piéges qu'on tendait à elle et au curé. Nous étions convenus de répondre, l'un et l'autre, en termes équivoques qui fussent de nature à rassurer mon oncle et Marien, sans engager en rien notre parole. Cette précaution nous donnait le temps de songer à quelque mesure prompte, et en même temps salutaire.

— Si les choses vont ainsi, continua Marien, ton devoir le plus pressé est de voir le curé, de lui dévoiler mes intentions, et de le disposer à combattre énergiquement, au besoin, les hésitations aussi puériles qu'irréfléchies de ta nièce. Je ne crois pas qu'il soit nécessaire de passer le temps à voir de nouveau ma prétendue. Elle me connaît, je présume.

— Autant que cela est nécessaire, dit mon oncle. Berthe n'exige pas d'autres démarches, tant s'en faut.

— Elle a grandement raison, repartit Marien; les lenteurs et les formes cérémonieuses usitées en pareille circonstance sont, aujourd'hui, hors de saison. Tu ne l'ignores pas; nous sommes entourés d'envieux, de jaloux, d'espions, par conséquent. Si les soupçons commençaient à se fixer sur nous... Tu m'entends...

— Parfaitement, interrompit mon oncle. Aussi nous allons pousser l'affaire avec toute la diligence possible.

Les craintes de Marien n'étaient pas sans fondement, de quelque façon qu'il les conçût et les exprimât; il pouvait, lui aussi, perdre son crédit et sa popularité. L'expérience lui fournissait de fréquents et de tristes exemples d'hommes élevés et soudain tombés. Que fallait-il pour que la faveur se changeât en disgrâce? une délation, un mot malin lancé avec un certain à-propos. Mon oncle sentait ces périls, tout comme son ami.

— Tu vas donc visiter le curé sur-le-champ, continua Marien. Cet homme connaît ta nièce. Il l'a formée pour la première communion, je le sais. Ses conseils ne trouveront aucune résistance; et il saura, je l'espère, comprendre et remplir sa mission.

— De ce pas, je me rends dans sa sa prison,
dit mon oncle.

Et il quitta Marien après [s'être muni des pièces nécessaires pour s'introduire auprès du curé.

III. — Une déconvenue et un expédient.

Mon oncle salua le curé avec bienveillance et
courtoisie. Ils s'étaient fréquentés avant les mauvais jours. Les événements les avaient séparés,
sans effacer néanmoins du cœur de Georges
les sentiments d'estime et de respect que méritait
un si digne pasteur...

— Citoyen X***, dit mon oncle après quelques instants, je regrette que de vains scrupules
vous éloignent de vos plus nombreux et meilleurs amis.

— Je le déplore bien amèrement, repartit le
curé; mais est-il possible?...

— Laissons cela, laissons cela, interrompit
mon oncle; tout s'arrangera; chacun reviendra
de ses préjugés et de ses erreurs, et, avec certaines concessions réciproques, on finira par s'entendre. Marien est tout disposé à donner l'exemple. Il est généreux, personne ne saurait mieux
en juger que moi; je suis son intime ami; il me
dévoile tous les secrets de son cœur. Vous ne
sauriez croire combien lui coûtent ces mesures
de rigueur qu'il prend contre les ennemis de la

patrie. Il lui tarde que la République triomphante et affermie fasse cesser ce régime de sang établi dans l'unique but de la défendre. Le premier fruit de la confiance que l'on recherche sera la mise à exécution du décret qui proclame la liberté des cultes. Vous le connaissez, ce décret, citoyen X***?

— Je le connais, répondit le curé, et j'en voudrais voir l'application.

— Cela viendra sans tarder, reprit mon oncle. Aujourd'hui même on vous propose d'en faire un heureux essai. Ecoutez bien ceci, vénéré pasteur, et gardez-en surtout le secret : Marien demande la main de ma nièce, cette aimable Berthe instruite par vous des vérités de la religion.

— Est-il bien vrai? s'écria le curé.

— Très vrai, très vrai, répliqua mon oncle. Et, de plus, il veut que votre main bénisse, ici même, cette alliance.

— Et cette vertueuse enfant, demanda le curé, est tout heureuse, sans doute, de s'unir à un homme si haut placé dans les faveurs du pouvoir?

— Et cela prouve son bon sens, repartit mon oncle.

— Elle est encore bien jeune, reprit le curé; elle est, d'ailleurs, intelligente; tout fait présumer que son consentement vient d'une mûre réflexion. Ses vertus exerceront une heureuse influence sur l'âme de Marien, et achèveront l'ouvrage que la grâce de Dieu a si bien commencé. En la choisissant pour compagne, Marien nous révèle ce qui se passe dans son cœur. Avec la douce Berthe, il connaîtra ce que vaut une âme élevée chrétiennement, et il fera goûter à d'autres les fruits de ses impressions. Dieu en soit béni.

— Il se pourrait toutefois, ajouta mon oncle, que Berthe voulût user de certaines façons, comme font les jeunes personnes de son âge; le moindre retard peut nous compromettre et nous perdre; je me flatte que vous aurez assez d'ascendant sur ma nièce pour l'engager à laisser de côté toute vaine réserve, et à consentir à la conclusion de l'alliance pour la nuit prochaine. Notre salut commun dépend de la promptitude de nos résolutions. Les espions sont nombreux; vous devinez quelle conséquence ils ne manqueraient pas de tirer de cette affaire. Il importe qu'elle leur soit provisoirement dérobée, et, pour cela, la plus grande activité est indispensable. C'est en feignant de la rigueur à votre égard, que nous parvenons à tromper les méchants; à quoi ne serions-nous pas réduits si l'on venait à nous surprendre dans notre projet? Hélas! nous n'aurions plus le choix entre le salut et la mort; et plus d'un serait perdu.

— Il faudrait bien se résigner, repartit le curé; cependant, puisqu'on peut se soustraire à cette dure extrémité, vous pouvez compter sur mon concours; rien de ma part ne sera négligé dans l'office que j'ai à remplir.

— Je n'en demande pas davantage, dit Georges; et, comme l'heure me paraît favorable, je vais chercher Berthe et la conduire ici.

Mon oncle revint chez lui, et s'empressa de nous apprendre la funeste aventure du bon curé. Il nous raconta la conduite de Marien à l'égard du prisonnier; il nous expliqua sa promesse formelle de le sauver, à la condition expresse que le pasteur bénirait son union avec Berthe, condition acceptée avec grande joie par le curé. Ma sœur devait être présentée à ce digne prêtre, et il fallait qu'elle se disposât à cette visite sans aucun délai. Mon oncle n'éprouva point de résistance : Berthe se montra toute prête à le suivre dans la prison. Ma sœur se conformait à sa consigne, et espérait, par quelque moyen, désabuser l'homme qu'on trompait. Je ne parle pas des précautions qui accompagnaient toutes les visites faites en cette circonstance; on savait les colorer, et se mettre à l'abri des soupçons. Les raisons qu'avait données Marien, dès le début de cette affaire, expliquaient toutes les démarches, et justifiaient toutes les personnes qui se présentaient avec une carte de sa main.

A cette entrevue de Berthe et de son pasteur
si vénéré, on eût dit un père et sa tendre fille se
revoyant après des malheurs qui semblaient devoir les séparer pour jamais. Georges fixait
sur eux des regards pénétrants, tout en leur
laissant le temps d'échanger les témoignages si
touchants de leurs impressions.

— Très digne pasteur, dit enfin mon oncle,
voici ma nièce qui vient vous annoncer son heureuse fortune, et vous prier de bénir, ce soir
même, son union avec l'illustre Marien. Tout
nous invite à précipiter cette affaire. Ce délai
passé, il ne serait plus temps; et si la porte de
cette prison ne s'ouvre pas cette nuit pour votre liberté, demain... je n'ai pas le courage d'a-
chever... Berthe comprend; elle est au courant
de tout. En toute autre circonstance, nous aurions pris notre temps; en des moments aussi
critiques, nous ne saurions trop nous presser. A
quoi bon, du reste, les réflexions et les retards,
quand on se connaît, et qu'un tel parti nous est
si avantageux. Je crois exprimer les sentiments
de ma nièce. Me trompé-je, Berthe?

Ma sœur baissa la tête et garda le silence.

— Eh bien! reprit mon oncle, tu ne dis rien?
Vas-tu faire penser au pasteur que je m'avance
trop en me faisant ainsi ton interprète? Serais-je
coupable à tes yeux, pour t'avoir ainsi épargné

les premiers propos toujours coûteux à une modestie aussi susceptible que la tienne?

Ma sœur, en ce moment, s'appliquait tout entière à comprimer son indignation et sa douleur. De là naissait son embarras, qui n'échappa pas au curé.

— Chère enfant, lui dit celui-ci, afin de l'encourager à rompre un silence qui devenait blessant pour Georges et inquiétant pour lui-même, chère enfant, parlez ici sans contrainte; vous êtes en présence d'un parent qui vous aime, et d'un pasteur plein d'estime pour vous. Ils veulent, tous deux, votre bonheur, et rien au-delà.

Ma pauvre sœur n'y tint plus; tous les efforts qu'elle faisait sur elle-même devinrent impuissants à maîtriser les mouvements de son âme; elle tomba, tout-à-coup, aux genoux du bon prêtre, et fondant en pleurs, elle laissa entendre ces mots, entrecoupés de sanglots : Mon père, mon vénéré père, votre bénédiction; je me soumets aux ordres de la Providence.

Georges restait interdit. Le curé, qui craignait quelque scène fâcheuse, tâchait de rassurer Berthe. Il parvint enfin à la calmer. Georges eût voulu se fâcher; ses regards annonçaient la colère; mais le prêtre sut l'apaiser.

— Il est tout naturel, dit-il, qu'en un moment pareil, une jeune âme s'émeuve. Cela ne marque ni refus ni résistance.

— Mon père, reprit Berthe d'un ton soumis et résigné, encore une fois, la volonté de Dieu et non la mienne.

— A cette heure, ajouta le curé, nous ne pouvons exiger davantage.

— Très digne pasteur, dit mon oncle, j'espère qu'à la suite de toutes ces alarmes puériles, Berthe mettra, ce soir, le sceau à son bonheur et au nôtre.

— Mon père vénéré, priez pour moi... je prierai pour vous, dit ma sœur en sortant du cachot.

Mon oncle trouvait déjà cette entrevue trop longue. Il craignait que le curé ne conçût de fâcheux soupçons sur les dispositions de sa nièce. Chemin faisant, il grondait celle-ci sur son attitude étrange en présence du curé. Ma sœur, reprenant empire sur elle-même, et se rappelant mes conseils, expliqua sa conduite par les mêmes causes qu'avait su imaginer le bon prêtre.

Georges, tout en accueillant ces raisons, ne fut pas complètement rassuré; et en rentrant chez lui, et avant que ma sœur eût pu me parler, il s'empressa de me communiquer ce qui venait de se passer.

— Berthe, me dit-il avec humeur, s'est comportée comme une petite sotte devant le curé. Au lieu de la joie que j'attendais, à ma grande surprise j'ai vu une explosion de larmes accompagnée de paroles d'un sens propre à déconcerter tout le monde. Oublie-t-elle notre position, à quelle condition s'attache notre salut commun?

Tu connais Marien, Robert; fais des remontrances à ta sœur. Je crains bien que le curé ne, soit resté sous de fâcheuses impressions.

— Cela pourrait être, repartis-je : avec sa conscience délicate, il ne voudrait pas bénir une alliance où il soupçonnerait de la contrainte. C'est un juste, fidèle à son devoir, même en face de l'échafaud. Il ne faut pas s'abuser en espérant l'incertitude.

— Il ne pourrait survenir rien de plus triste pour nous tous, interrompit mon oncle. Eh bien! Robert, parle à ta sœur, selon que son intérêt et le nôtre te le prescrivent; et après tu verras le curé, afin de dissiper toute appréhension pénible dans son esprit. Avec cette carte on te laissera arriver jusqu'à lui.

Il me remit la carte et me laissa. Je remerciai Dieu, qui me fournissait le moyen de voir le meilleur de mes amis, et de l'instruire de l'infâme comédie qu'on jouait à son égard. Durant l'intervalle que Georges et Berthe passèrent auprès du prisonnier, j'avais vu Charles, et nous avions, déjà, concerté ensemble un plan de salut qui devait s'exécuter la nuit suivante. Le bon prêtre allait être informé de tout cela. Ma sœur, intimidée par la surveillance incessante de son oncle, n'avait pas osé parler, même des yeux, à son digne pasteur; elle l'avait quitté le cœur plein d'amertume. Il m'était, enfin, accordé d'éclairer cet infortuné, de lui révéler en même temps notre dessein, et de l'y préparer.

Dans quelle anxiété était demeuré le bon prêtre! Il avait compris, par cette scène inattendue dont il venait d'être témoin, que tout ne se passait pas, dans le cœur de Berthe, comme on le prétendait. Grand Dieu! pensait-il, si cette pauvre orpheline était sous l'empire de la violence? si une telle union se contractait malgré son aversion pour l'homme qui la recherche? si elle apparaissait, ici, ce soir même, comme ces victimes innocentes qu'on orne de bandelettes en les menant à l'autel du sacrifice? si les paroles saintes destinées à consacrer le bonheur des époux tombaient sur sa tête comme une malédiction? si cette main sacerdotale allait forger les chaînes d'un horrible esclavage? Et, pourtant, ces pleurs qui coulaient avec tant d'abondance, cette attitude gênée, mais résignée et soumise, ce visage sévère de Georges, cette humeur sombre toute prête à éclater, tout cela n'est-il pas de nature à faire naître les plus tristes pressentiments? Et j'accepterais mon salut au prix d'une lâche complaisance! Oh! non; la mort plutôt, mille fois cette mort dont on me menace. Mais toi, jeune plante livrée à la fureur des vents, que devien-

dras-tu? tendre agneau, les loups féroces sau-
ront-ils t'épargner?

J'abordai le pasteur dans cette situation d'esprit. Je lui apparus comme un ange qui venait
l'arracher à la torture. Il se jeta à mon cou, et
me tint longtemps dans ses bras, versant des
larmes.

— Que votre présence en ce lieu me fait du
bien! s'écria-t-il enfin, en s'éloignant un peu de
moi. Que je bénis la bonté divine de me procurer
cette entrevue! Combien j'avais besoin de vous,
de vous seul, en ce moment!

— Je ne suis pas moins heureux de vous voir
quelques instants, dis-je, en promenant çà et là
mes regards pour m'assurer que nous étions
seuls.

— Et Berthe?... me demanda-t-il.

— On voudrait la sacrifier, répondis-je, à un
monstre qu'elle abhorre. Le tigre a beau prendre la peau de la brebis, il ne trompe personne.

Sans donner au curé le temps de parler, je
je lui dévoilai l'affreux complot.

— Oh! les scélérats, s'écria-t-il dans un mouvement d'indignation; je m'explique maintenant
l'attitude de cette jeune infortunée.

— Je l'avais instruite de tout, repris-je; Berthe
préfère la mort à cette alliance.

— Oseront-ils pousser à bout leur dessein? dit
le curé, étoufferont-ils tout sentiment d'huma-

nité? votre oncle foulera-t-il aux pieds la voix du sang?

— Georges ne reculerait pas, répondis-je; il est vendu à Marien, il immolerait tout à son idole. Mais nous avons imaginé un moyen d'arracher leurs nouvelles victimes à leur férocité, et peut-être aussi à leur passion infâme. Ma sœur ne tombera pas dans les bras d'un monstre, j'en fais le serment. Quant à vous, tenez-vous prêt; à une heure favorable de la nuit prochaine, avec l'aide de Dieu, les portes de cet odieux cachot s'ouvriront, et vos jours seront conservés à votre cher troupeau, auquel la Providence vous rendra sans tarder, si nous ne sommes pas trompés dans nos espérances. En attendant, vous suivrez un guide armé qui vous conduira en lieu sûr. Priez Dieu que notre plan réussisse, et vous et ma sœur, et nous tous, nous échapperons à la mort.

Le bon prêtre me donna sa bénédiction, et je me retirai.

Le plan de salut en quelque sorte improvisé entre Charles et moi, était celui-ci : Charles s'entendrait avec deux amis dévoués; au moment le plus propice, l'un d'eux, qui paraîtrait le moins suspect au gardien, s'introduirait dans le cachot au moyen d'une carte que j'obtiendrais de Marien par l'entremise de mon oncle. Sous prétexte de conduire le captif, d'après les ordres

nouveaux du proconsul, devant un comité chargé
de le juger et de le faire exécuter, il le mettrait
en liberté et le guiderait sur le sol étranger.
Charles et l'autre ami les suivraient; de mon côté,
je déroberais Berthe à l'affreux destin qu'on lui
ménageait, et, en peu de temps et par des voies
diverses, nous nous retrouverions tous au-delà
du Rhin, en un lieu convenu. Chacun de nous
veillerait et profiterait de l'heure la plus favorable.

Tout le reste de cette journée fut employé à
préparer les moyens de mener à bonne fin notre
entreprise. Je sus entretenir mon oncle dans l'illusion, en lui faisant croire que le curé et ma
sœur étaient gagnés; Berthe sut faire bonne contenance et confirmer Georges dans la bonne opinion que je lui faisais avoir d'elle. Les circonstances semblèrent tout-à-coup se prêter à nos
désirs. Vers le déclin du jour, mon oncle, qui
avait passé tous ses moments libres chez Marien,
afin de s'entendre avec lui sur les clauses du
contrat prêt à se conclure avec lui, s'empressa
de me rencontrer, et me dit :

— Mon cher Robert, nous sommes trop heureux de nous être enfin entendus; tout ajourne-
ment est maintenant impossible. Le citoyen
Euloge, délégué du comité de Salut public, arrive ici demain. On ne l'attendait pas de si tôt.
Des juges et la guillotine l'accompagnent. Son

séjour parmi nous sera seulement de quelques heures. A son départ tout sera fini.

— Je vous entends, repris-je; Berthe est toute prête, elle demande seulement jusqu'à dix heures de cette nuit pour se préparer. Elle désire purifier sa conscience. C'est un sacrement qu'elle va recevoir. Si vous pouvez me laisser la carte que vous m'avez procurée pour pénétrer dans le cachot, je choisirai un moment où ma sœur verra son directeur sans qu'on s'en aperçoive.

— Je ne vois nul obstacle à cela, repartit mon oncle. Il convient rependant que Marien le sache; je cours lui en donner avis.

Georges partit presqu'aussitôt, et, peu d'instants après, il reparut en disant :

— Marien consent à tout. Toutefois, il veut que l'entrevue de Berthe avec le curé n'ait lieu qu'à onze heures. A ce moment, tout dort, et l'on est moins exposé à l'espionnage. Le gardien du cachot va recevoir la consigne, pour des motifs d'un ordre supérieur, de laisser entrer quiconque présentera cette carte; tu le vois, elle porte une empreinte particulière; c'est la seule qu'on ait délivrée. J'ose espérer que tu la garderas fidèlement.

Je la reçus et je lui remis, sur sa demande, celle dont je m'étais déjà muni. Dans les premières heures de la nuit, je pus voir Charles et placer entre ses mains cette pièce si précieuse.

Je lui donnai connaissance des conventions réglées entre mon oncle et moi, pour la visite du
curé. Mon brave ami se hâta de se concerter,
d'après ces données, avec ceux que nous avions
choisis pour notre dessein. L'espoir de nous rejoindre bientôt devenait plus grand que jamais.
Nous nous étions dit adieu, pour quelques jours
seulement.

IV. — Etat des choses.

Je m'arrête ici à mentionner des faits en apparence étrangers, mais pourtant nécessaires à
mon récit. Pour rendre plus complet le tableau
que j'ai à vous présenter, je vais prendre les
choses de plus haut.

Un beau jour, des hommes parurent dans l'enceinte de la Convention nationale. Ils avaient à
leur tête les citoyens Hébert, Chaumette et l'é-
vêque constitutionnel de Paris, Gobel. Ces péti-
tionnaires venaient déclarer au monde que Dieu
n'est pas, et que l'on devait substituer à son culte
celui de la déesse *Raison*. L'Assemblée, déjà
préparée à ce coup de théâtre, entendit cette
déclaration et l'approuva par un décret solennel.
Aussitôt Gobel déposa sur le bureau du président les insignes de l'épiscopat, en disant qu'il
ne reconnaissait d'autre culte public que celui

de la liberté, de l'égalité et de la morale. Il reçut l'accolade du président.

En ce moment, Chaumette apostropha avec enthousiasme la divinité mystérieuse qui s'appelait déesse *Raison*, et qu'on avait placée sur un piédestal élevé : « Tombez, dit-il, en face d'un grand peuple et de son auguste sénat, tombez, voile de la *Raison*. » Le voile tomba, et dans la divinité nouvelle on reconnut une danseuse de l'Opéra habituée à figurer les déesses mythologiques descendant des nuages. La déesse reçut à son tour l'accolade du président; puis, montée sur un char magnifique et suivie d'un tumultueux et grotesque cortége, elle vint dans l'antique et imposante métropole prendre la place du saint des saints. Dès ce jour, le temple de Notre-Dame fut appelé le temple de la Raison. Les fêtes de Babylone furent imposées à la France; depuis les basiliques jusqu'aux églises de village, tout fut transformé en temples de la Raison. On remplaça le dimanche par les décades. Défense, sous peine de mort, de sanctifier les anciens jours de fête; obligation, sous la même peine, de respecter les jours nouveaux consacrés au culte infâme. Ces jours-là, l'athéisme, figuré par des hommes égarés ou perdus de débauche, montait dans les chaires chrétiennes, lançait mille blasphèmes, prononçait le panégyrique de Marat, puis faisait danser la *Carmagnole* et le *Ça ira*.

Quelquefois, il revêtait les vêtements sacerdotaux, sous lesquels il cherchait à provoquer le mépris des saints mystères, par des gestes et des paroles que Satan seul oserait répéter. Ici, l'enfer ne hurlait pas, il riait. Le cœur se soulève au récit de tant de saturnales où la civilisation et l'humanité reculaient de trente siècles

Ces excès désastreux portèrent le deuil dans les campagnes encore plus que dans les villes. Les paysans regardaient tristement leurs églises dévastées, souillées, et leurs clochers muets. Ils suivaient la marche du soleil pour ne pas manquer l'heure de l'*Angelus*, qui les remplissait auparavant d'une douce allégresse. Ils accompagnaient de profonds soupirs les signes de croix faits en secret. Le dimanche, ils pensaient à leurs habits de fête, à ces réunions où l'ami retrouvait son ami, le parent son parent, et où ils se confondaient ensemble ensuite, dans la maison de Dieu, pour y exprimer de communs besoins, des espérances communes, en ne formant qu'un cœur et qu'une âme en présence de celui qu'ils étaient si heureux de nommer leur père. Mais la mort, à présent, se dressait menaçante sur le fatal instrument promené en triomphe dans chaque contrée. Il fallait se taire, et dévorer en secret ses chagrins et ses amertumes.

La France était couverte d'espions et de proconsuls, délégués des clubs de Paris, et chargés de faire exécuter tous les décrets de la Convention nationale. Ils ont laissé, sur leur passage, des souvenirs qui ne survivraient que trop longtemps s'ils ne devenaient utiles à des générations si promptes à oublier ces terribles leçons de l'histoire.

Un des satellites de la Terreur disait dans une ville importante : « Je viens vous donner une tragédie : aujourd'hui, pour le premier acte, on en expédiera trois; demain, cinq; puis, quand on y sera accoutumé, on fera tomber une tête par chaque famille. » Dans un autre département, un représentant de la commune de Paris se crut insulté; une ville tout entière expia ce crime par le supplice d'un grand nombre de ses habitants. En vain l'on demandait grâce à genoux, et en se répandant en plaintes déchirantes; le monstre était insensible, et le bourreau avait sa proie. En une cité voisine de mon pays, on vit figurer, parmi les victimes vouées à la mort, un vieillard aveugle, âgé de quatre-vingt-douze ans. Sa jeune fille, qui le conduisait par la main, fut guillotinée après lui. Un proconsul écrivait à la Convention : Je viens de donner ordre que quatre mille cinq cents brigands qui encombrent les prisons soient fusillés. Et parmi ces brigands, se comptaient des enfants, des infirmes, des vieillards dont le crime était de vouloir rester fidèles à la foi de leurs pères. Si des jeunes filles voulaient porter des secours à un père, à une mère, à un frère exténués de faim dans leur cachot en attendant la mort, elles n'y parvenaient qu'en crachant sur de saintes images, ou qu'après avoir foulé le crucifix étendu sur le seuil de la porte.

En arrivant dans une des belles et florissantes villes de France, les mandataires des comités souverains firent publier la proclamation suivante : « Nous sommes au milieu de vous, citoyens, pour faire tomber la tête des meneurs, pour saigner la bourse des riches égoïstes, et faire jouir des bienfaits de l'indulgence nationale les sans-culottes, trompés par des scélérats. »

Pour se faire une idée de cette indulgence nationale, je n'ai qu'à rappeler ce qui se passa à Nantes. Le trop célèbre Carrier y avait organisé, sous les ordres de quelques scélérats, ses complices et ses affidés, des bandes de sicaires et de pillards. Ces monstres parcouraient la ville et les campagnes voisines, rançonnant, emprisonnant, égorgeant. Ici, des femmes ; là des prêtres, des vieillards assommés ou massacrés ; ailleurs des enfants immolés, et leurs petits corps sanglants portés à la pointe de baïonnettes, au milieu des populations épouvantées. Deux satellites intimes avaient reçu du féroce émissaire de la capitale le droit de vie et de mort, et ils l'exer-

çaient avec une abominable impunité. Quant à
Carrier, entouré de ses gardes horribles, armé
d'un grand sabre, le blasphème et l'obscénité à
la bouche, tantôt il jouissait du hideux spectacle
de ses vengeances, et tantôt, au milieu de femmes perdues, il insultait à tout un peuple mou-
rant de faim, par le scandale de ses banquets et
de ses orgies. Le nombre de ceux qu'il fit arrêter
s'accrut à tel point, que le massacre et les fusil-
lades ne suffisant plus, il fallut recourir à un
nouveau moyen plus prompt d'extermination :
il imagina les bateaux à soupapes. On annonçait
aux détenus qu'ils allaient être déportés, et la
plupart se réjouissaient d'une peine qui n'était pas
la mort. Les bateaux, remplis de ces malheureux, étaient lancés sur la Loire; alors, la fatale
soupape s'ouvrait, et les victimes étaient sub-
mergées. Si quelques-uns, habiles à nager, parvenaient à saisir la terre, leurs mains coupées
tombaient sous le sabre des soldats de la compagnie Marat, qui occupaient les deux rives. Cette
barbarie, digne de Néron, s'appelait le baptême
républicain. Le mariage républicain venait ensuite.

Qu'avaient donc fait tant de victimes immo-
lées et insultés d'une façon si atroce? demande-
rez-vous. Tout cela s'explique par la loi des suspects. Cette loi, rendue le 16 septembre, ordon-
nait d'arrêter toutes les personnes suspectes au

gouvernement. Pour la plupart, cette arrestation équivalait à l'échafaud. Or, un rien vous rendait suspect : un signe, l'air du visage, une parole, un salut, une rencontre fortuite.

Bientôt les pourvoyeurs d'échafaud eurent seuls la parole au milieu de la société épouvantée et silencieuse. Personne n'était sûr de coucher jusqu'au matin dans son lit; et chacun, en se levant, pouvait se trouver au pied de la guillotine. Aussi, l'instinct de la vie semblait éteint dans certaines âmes, et remplacé par la résignation stupide du sectaire oriental qui se soumet à l'inévitable fatalité. La multitude tendait la gorge au bourreau, sans idée d'opposition ni de résistance. Entre les tyrans et les victimes, il existait une population qui cherchait à vivre et à se faire oublier. Plusieurs de ceux-ci espéraient désarmer les proconsuls en leur donnant des gages. On se faisait espion et délateur; on affectait de l'héroïsme à livrer qui un père, qui un frère, qui un ami. Aussi, la défiance se glissait-elle partout, et allait-elle jusqu'à briser ou relâcher les liens les plus sacrés et les plus doux. On se fuyait, on s'isolait de peur de se compromettre. On évitait les fêtes domestiques, parce que les épanchements de l'amitié pouvaient produire de funestes confidences. Voilà dans quelle laborieuse épreuve gémissait cette France qu'on travaillait à régénérer.

Sans un certificat de civisme, on ne pouvait ni
voyager ni traiter en matière d'affaires publiques ou privées; on courait même risque d'être
arrêté à tout instant, et condamné comme suspect. Or, les comités révolutionnaires ne déli-
vraient ces cartes de sûreté que très difficilement. Comme tout leur donnait de l'ombrage, ils
évitaient autant que possible d'accorder des
saufs-conduits propres à leur enlever des victimes et à favoriser des complots.

V. — La fuite.

Reprenons notre récit.

Nous eûmes soin, Berthe et moi, de nous pourvoir de diverses choses indispensables, argent,
vivres, etc... Mon oncle nous avait déjà quittés
en nous recommandant la fidélité et l'exactitude,
et en ajoutant : « Je vais chez Marien, mettre
tout en règle, n'oubliez pas, vous, les choses
convenues, et souvenez-vous surtout de mes
avis. Nous nous retrouverons, quand il faudra,
dans la prison. »

Aussitôt que l'heure propice sembla sonner, et
après nous être précautionnés contre toute surprise, nous sortîmes ensemble; et, quittant bientôt notre première direction, nous gagnâmes
promptement une garenne voisine. Dans le pres-

sentiment très fondé qu'on allait soudain s'enquérir de nous, nous prîmes les sentiers auxquels on devait le moins songer d'abord.

La nuit était sereine. Les étoiles brillaient de tout leur éclat et nous permettaient de découvrir, à travers les ombres, la plupart des objets d'alentour. Nous pouvions distinguer çà et là, sur les coteaux bordant la plaine, des chaumières, des maisons de campagne, des hameaux, des villages connus.

Les paysages parés des nouvelles richesses du printemps, se découvraient à nos regards à mesure que nous avancions. Les voiles de la nuit s'étendaient sur tout comme un crêpe léger et transparent sous lequel la nature semblait en quelque sorte nous montrer tout à la fois son deuil et sa beauté, afin de mieux nous captiver et de retenir nos pas fugitifs.

· A cette vue notre cœur se remplit des plus pénibles impressions de l'exil. Adieu! disionsnous intérieurement ma sœur et moi (hélas! nos pensées étaient les mêmes); adieu! sites riants de la vallée, gravés dans notre esprit comme les traits d'un ami d'enfance. Adieu! ruisseaux limpides dont le doux murmure charma si souvent nos loisirs sur vos bords enchantés, et qui vient en ce moment à nos oreilles comme le son d'une voix qui nous pleure. Adieu! champêtres habitations éparses sur la colline, comme des troupeaux de brebis au pâturage. Qu'ils sont tristes ceux qui vous connurent et qui vous quittent maintenant! Celui-là même que l'ambition emporte loin de vous, ne sait se défendre d'un sentiment d'amertume qui se ravive à chaque pas qu'il fait, et qui ne s'éteint jamais entièrement, ni dans les rêves ni dans l'espérance de la fortune qu'il va chercher; et nous qui concentrions tous nos projets, tout notre avenir, dans l'espace que vous embrassez, et qui fuyons chassés par le malheur, et arrachés par une force perverse à nos plus chères habitudes, à nos plus vives affections, à nos plus douces espérances, et peut-être pour ne vous revoir jamais, quels regrets, quelle douleur ne devons-nous pas éprouver!

Au bout d'un certain temps ces pensées et d'autres semblables cédèrent à de nouvelles préoccupations. Nous fûmes ramenés au danger de notre situation présente. Nous nous sentîmes en proie à la crainte d'être découverts, arrêtés et conduits à la mort. Nous n'en pouvions douter, Marien et mon oncle désappointés, furieux, avaient sans perdre de temps mis leurs gens en campagne, leur enjoignant de nous poursuivre dans toutes les directions. Nous redoublâmes le pas. Nous évitions, autant que possible, les lieux habités. Si nous étions obligés de passer par un village, nous allions doucement et sans bruit, et après nous être assurés que les gens étaient retirés et endormis. De temps en temps nous prêtions l'oreille pour écouter avec l'intention de nous arrêter, de nous cacher ou de changer de chemin au moindre bruit de pas d'hommes. On nous connaissait dans ces lieux. A chaque rencontre c'eût été des questions sans fin. Et puis les soupçons, et puis les trahisons si communes alors, tant pour faire parade de patriotisme que par peur, ou par ambition. Les cartes de civisme que nous tenions depuis longtemps de mon oncle, et dont nous avions eu soin de nous munir, n'auraient pas été un préservatif efficace.

Après une marche longue et rapide nous arrivâmes dans une forêt. La lune commençait à éclairer les cieux. C'était là que nous nous étions désigné un lieu de repos et de sûreté. Il nous avait fallu plusieurs heures pour y parvenir. Nous fîmes quelques pas dans l'épaisseur des arbres et nous nous arrêtâmes. Ma bonne sœur, peu habituée à la marche, avait grand besoin de restaurer ses forces. Je lui laissai quelques moments pour respirer et prendre un peu de nourriture avec les vivres que j'apportais sur moi. Berthe eût voulu goûter sur le gazon le bienfait d'un court sommeil; je ne pus le lui permettre; outre que nous étions encore loin de notre but, et qu'il y avait péril à rester là, à cause du voisinage des routes et de certains lieux habités, il

soufflait un air pénétrant et dangereux dans notre état de fatigue et de sueur. Il fallut continuer la marche. En pénétrant plus avant, dans
la profondeur du bois, nous étions plus à l'abri
des poursuites. Cette pensée nous donnait des
forces; ce ne fut pas pour longtemps. Berthe
sentait que les siennes s'en allaient; la fatigue
du chemin s'augmentait par l'aspect de ces lieux
sauvages. Tout donnait de l'ennui et de la tris-
tesse. Les arbres vus de loin s'offraient sous des
formes surprenantes; l'ombre de leurs cimes légèrement agitées et tremblantes sur le sentier
éclairé par la lune, inquiétait les yeux; le bruit
même des feuilles foulées sous nos pas avait
pour l'oreille je ne sais quoi de fâcheux. Nous
éprouvions une sorte de besoin de courir, en
même temps que nos jambes semblaient nous
soutenir à peine. Je luttais encore avec avantage contre toutes ces impressions, mais ma
sœur y succombait visiblement. Un moment elle
s'arrêta chancelante; elle s'assit sur un tronc
d'arbre renversé; elle baissa la tête sur son sein,
un soupir s'échappa de sa poitrine, ses yeux se
mouillèrent de larmes. « Encore quelques efforts,
pauvre Berthe », lui dis-je. Elle se leva sans me
répondre, essaya de marcher; elle se laissa aller soudain sur le sentier. Je la pris entre mes
bras, je la portai à quelques pas de là; je la plaçai sur le gazon. Elle ne revenait pas de son

évanouissement. J'allais pousser des cris lorsque
je vis sa paupière se mouvoir et s'ouvrir à demi.
« Rassure-toi, repris-je, rassure-toi, ma bonne
sœur; à cette heure, nous sommes hors de danger. » Je prenais en même temps tous les soins
possibles pour la rappeler à la vie, qui semblait
vouloir s'échapper. Quand elle fut assez remise,
je lui demandai si elle avait besoin de manger.

— Oh! non, dit-elle; j'ai soif.

— Nous trouverons de l'eau, répondis-je; les
sources abondent dans cette forêt; reposons-nous
seulement un peu, et puis nous pourrons boire,
car j'ai soif aussi.

En disant cela, je découvris entre les arbres une cabane située à une faible distance de
nous. Je m'en approche avec précaution. C'était
une de ces huttes faites grossièrement avec
de la terre, du bois, de la paille, où les bûcherons logent passagèrement, et qu'ils abandon-
nent lorsque l'ouvrage cesse dans un endroit et
les appelle dans un autre. Celle-ci était déserte
en ce moment; et je compris, en tout examinant,
que je ne courais aucuns risques à l'occuper
quelques heures.

Je me hâtai de rejoindre ma sœur et la condui-
sis, non sans peine, dans cet abri. Je lui prépa-
rai, comme je pus, un lit de feuilles desséchées,
mêlées de paille et de gazon. Berthe se jeta sur

cette couche, après une courte et fervente prière; bientôt elle s'endormit.

Je m'éloignai doucement, et je me tins aux aguets; j'étais en proie à des préoccupations peu propres à favoriser le repos. J'avais deux pistolets et un poignard. On se ferait difficilement une idée de la fermeté et de l'audace de mes résolutions, mais un sentiment dominait alors tous les autres. Le triste état de ma sœur l'entretenait en moi. Infortunée créature! me disais-je avec une profonde amertume, quel affreux tissu de malheurs pour une âme si pure, si douce, si généreuse!...

Dans l'enfance elle est orpheline; elle tombe sous la tutelle d'un homme sans entrailles. Un penchant bien légitime se forme à peine dans son cœur, qu'une main barbare veut lui ravir celui en qui elle veut chercher son appui. On exige qu'elle se sacrifie aux desseins formés par l'intérêt et la passion. Au lieu des joies douces qui semblaient réservées à tant de vertus, ce sont les dures épreuves de la persécution, de la fuite et de l'exil qu'il faut endurer! Qui l'eût prédit, lorsque notre mère la berçait dans ses bras. Ah! tendre mère, comme ton cœur serait navré de douleur si tu voyais ta fille errante et fugitive dans les bois, cherchant un abri dans les repaires des bêtes sauvages, demandant un peu d'eau pour étancher sa soif, et un grabat pour

se reposer. En disant ces mots, je m'agenouillai
et me mis à prier.

Frappé de la miséricorde de Dieu dans ses
desseins les plus impénétrables, je reconnus
plus que jamais en lui le maître plein de sagesse qui dispose tout pour le plus grand bien
de ses créatures, alors même que celles-ci seraient tentées de le méconnaître et de murmu-
rer; je puisai le courage dans ces sentiments
nouveaux de la justice et de la bonté célestes.

Berthe dormait paisiblement, et ceci ajoutait à
la confiance que j'éprouvais. Le repos tranquille
de ma sœur me faisait du bien. Je la considérais
comme l'enfant que le Seigneur prend sous ses
ailes; il me semblait voir les anges veiller autour de ce lit de feuillage. Mille objets indéfinis-
sables se présentaient à mon esprit comme autant de signes d'heureux augures. Lorsque Berthe s'éveilla, le soleil commençait à dorer de ses
rayons la cime des arbres.

— Ah! mon Dieu, s'écria-t-elle tout étonnée,
le jour nous surprend.

— Nous n'avons rien à craindre, dis-je.
Nous sommes assez avant dans la forêt, et les
bûcherons ne viendront pas aujourd'hui occuper
cette cabane. Rien n'annonce dans les environs
qu'il y ait du travail pour eux. Il sera prudent,
néanmoins, de ne pas séjourner longtemps ici.
Cette hutte est un abri trop commode; il se pour-

rait que le hasard fournît, à quelque voyageur
égaré comme nous, l'occasion d'en profiter. Et si
c'était un de ces hommes envoyés à notre poursuite!...

Ces réflexions nous firent quitter cet asile.
Nous cherchâmes à nous diriger dans le plus
épais du bois, espérant y trouver plus de sûreté,
et aussi une source d'eau claire. Notre soif était
si vive que nous en perdions l'appétit. Je ne fus
point trompé dans mes conjectures : des massifs
de verdure nous annoncèrent bientôt que nous
touchions à ce précieux but de nos désirs.

Une pente douce nous conduisit à un filet
d'eau dont le cours se cachait sous des herbes
longues et vivaces. En le remontant quelques
pas, nous nous trouvâmes sous une espèce de
voûte formée des rameaux touffus des arbustes
amis de ces lieux. Nous nous assîmes sur un tapis de mousse aux bords de la source limpide.
Nous fîmes un repas champêtre, buvant de temps
à autre, dans le creux de la main, de cette onde
pure et fraîche où nous retrouvions le goût du
manger. Il nous semblait que la Providence prenait un soin particulier de nous récréer et de
ranimer notre confiance. Elle s'annonçait comme
une tendre mère qui, tout en laissant sentir à
ses enfants chéris la rigueur d'une discipline salutaire, ne leur permet pas d'oublier qu'elle est
mère. « Berthe, dis-je, quelle paix l'on trouve ici.

Que ne nous est-il donné de vivre de longues heures dans cette solitude! Là, du moins, on est à couvert des intrigues et de la malice des hommes et des vengeances. La cupidité et l'ambition ne choisissent pas un tel séjour. Qu'elle est triste et désolée cette société que nous fuyons! C'est la défiance, l'espionnage, la dénonciation, la persécution, le sang!... Pauvre France! on te préfère les déserts! Les bêtes sauvages sont moins à craindre que les êtres féroces et à figure humaine que tu portes dans ton sein! »

Berthe écoutait en silence; de temps à autre elle levait les yeux au ciel. Elle se montrait dans l'attitude de la résignation et de la prière. J'admirais en elle ce que la religion donne de courage et de confiance; je me gardais bien de lui faire part de certaines pensées dont j'étais parfois accablé. Nos provisions s'épuisaient, et j'ignorais où nous étions; je ne savais quel sentier prendre pour arriver sans obstacles à notre destination, dont la distance m'était inconnue.

En ce moment, un bruit attira notre attention. Nous restâmes aussitôt muets l'un et l'autre, pour être tout oreilles. Nous aperçûmes une femme; elle menait une petite fille par la main. Elle s'arrêta près d'un réservoir formé par le filet d'eau partant de la source où nous étions venus nous désaltérer. Les arbustes protecteurs ne nous empêchaient pas de remarquer les mouvements de cette femme, quoiqu'elle fût assez loin de nous. Elle lava du linge qu'elle portait sous son bras; elle l'étendit ensuite sur la pelouse que visitaient à cette heure les rayons du soleil, gagnant les hauteurs de l'horizon. Pendant que son linge se séchait, elle se mit à genoux avec son enfant, à qui elle fit faire le signe de la croix, en lui conduisant la main. Sans cesse, elle regardait autour d'elle. Au bout de quelques instants elle fit asseoir la petite fille et continua à prier, dans une attitude qui annonçait une foi et une ferveur bien grandes.

Ma sœur et moi nous contemplions, immobiles et en silence, cette scène touchante. La bonne femme se leva bientôt, visita son linge, et, ne le trouvant pas sans doute assez sec, revint auprès de son enfant, la mit sur ses genoux, s'étant elle-même assise sur un petit tertre. Elle passait sa main sur ses blonds cheveux, lui parlait à voix basse, et puis lui montrait le ciel, et puis l'embrassait en la serrant contre son cœur. La jeune fille répondait à ces soins si tendres par de gracieuses caresses. De temps en temps la mère baissait la tête, devenait pensive, s'essuyait les yeux comme si elle eût pleuré, et pressait plus vivement que jamais son enfant sur son sein. Je me tournai vers ma sœur tout attendrie.

— C'est une faveur du ciel, lui dis-je doucement, que cette bonne femme soit venue ici.

Vois comme elle est pieuse; nous pouvons nous montrer.

— Je le crois, répondit ma sœur; il est impossible qu'une âme qui donne de tels signes de religion soit capable de nous trahir.

— Je vais lui parler, repris-je, elle peut nous tirer d'embarras.

Ma sœur approuva mon idée. Je sortis sans bruit de ma retraite, et j'abordai cette femme, tellement saisie de voir ainsi un homme devant elle, qu'elle faillit s'évanouir de peur. L'enfant poussa un cri, et se cacha le visage dans le sein de sa mère; je m'empressai de rassurer ces deux créatures.

— Je suis un voyageur égaré dans cette forêt, dis-je; je mène avec moi ma sœur; elle est là tout près, ajoutai-je, en montrant l'endroit où je l'avais laissée dans l'attente. La même impulsion nous porte à compter sur vos bons offices; vous ne sauriez les appliquer plus à propos. En attendant que je vous en dise davantage, croyez-moi sur parole, nous sommes bien malheureux!...

Cette digne femme me regardait sans mot répondre, interrogeait mes traits comme pour y trouver le vrai sens de mes paroles. Elle y puisa, sans doute, un témoignage favorable, car elle me dit avec un accent de vive sympathie :

— Très honorable citoyen, hélas! que puis-je faire pour vous?

— Nous indiquer, répondis-je, un asile de quelques heures; nous procurer des vivres, et puis un guide fidèle, continuai-je en lui indiquant notre but.

— L'asile et les vivres, reprit la femme, bien simples il est vrai, mais cordialement offerts, se trouveront sans peine; quant au guide, je ne désespère pas non plus d'en rencontrer un.

En parlant ainsi, cette femme portait ses yeux deçà et delà.

— Est-ce que l'on n'est pas en sûreté ici? demandai-je.

— Les temps sont mauvais, repartit-elle, et les hommes bien méchants... Nous parlerons plus librement ailleurs. Que votre sœur veuille bien venir avec nous.

J'appelai ma sœur; elle vint toute tremblante. A peine la bonne femme la vit s'approcher qu'elle courut au-devant d'elle et se trouva tellement touchée de ce que la pauvre Berthe inspirait d'intérêt, qu'elle lui prit les deux mains, les baisa avec respect et attendrissement.

— Partons bien vite, dit-elle.

Elle commença dès-lors à ramasser son linge. Je lui aidai, tandis que ma sœur se tenait près de la jeune enfant, qui ne témoignait pas de timidité. Nous fûmes bientôt en marche. Chemin faisant, elle nous expliqua sa position.

— Mon mari, dit-elle, bûcheron de profession,

a du travail dans ce bois. Il s'est construit une petite habitation suffisante pour nous trois; cette fille est notre unique enfant; vous n'avez rien à craindre de lui. Il est chrétien, il ne cesse de nous prêcher la bonne morale. On ne parle pas de ces choses à tout le monde; quelquefois même on est forcé de faire croire le contraire de ce qu'on pense.

Elle continua ainsi la conversation jusqu'au moment où sa cabane s'offrit à nos regards. Le bûcheron absent, à cette heure, ne devait venir que vers midi.

Je ne saurais dire de combien de politesses et et de soins nous fûmes l'objet. Cette femme semblait deviner les tristes motifs de notre fuite.

Lorsqu'elle vit que son mari allait paraître, craignant qu'il n'arrivât avec de la compagnie, elle nous mena à l'écart, se confondant en excuses d'être réduite à une précaution semblable. Nous l'approuvions de grand cœur. Nous sentions, comme elle, la nécessité d'une extrême prudence. Le mari vint seul. Il s'empressa de nous voir et de nous conduire chez lui. Nous participâmes au dîner que la maîtresse du logis avait apprêté avec toutes les ressources en son pouvoir. Les mets étaient simples, mais relevés par les meilleurs assaisonnements, la faim et la cordialité.

Après ce court et modeste repas, le bûcheron

nous proposa de passer le reste de la journée en un lieu retiré peu éloigné. Il appréhendait certaines visites. Je lui avais révélé notre situation. Il en comprenait la gravité. Il nous promit de s'occuper des moyens de nous sauver. Il retourna à son travail. Nous achevâmes notre journée dans cet endroit.

Le bûcheron tint parole; à la tombée de la nuit, après le souper, il nous communiqua son plan. Il consistait à nous conduire sans aucun retard chez un ami honnête et intelligent, lequel nous fournirait le moyen de franchir le fleuve qui nous séparait du terme de notre fuite. « J'eusse voulu, ajouta-t-il, vous offrir une tout autre hospitalité; mais le soin de votre sûreté impose des sacrifices. Ici, les espions sont nombreux, à cause du voisinage de la frontière. On en rencontre la nuit et le jour. Il est bien difficile de ne pas tomber dans leurs griffes, quand on est honnêtes gens comme vous. Ils sont habiles; ils lisent dans la figure ce qui se passe dans l'âme. »

Il ne nous fallait pas d'autres motifs pour accepter l'offre du bûcheron et nous éloigner de ces lieux où la consigne de nous rechercher et de nous arrêter pouvait parvenir à chaque instant. Nous fîmes nos adieux à sa femme, qui y répondit par de profonds soupirs. Elle portait comme le poids d'un douloureux pressentiment. Ma sœur l'embrassa avec une indicible effusion de cœur. Elle baisa légèrement la petite fille couchée et dormant d'un sommeil paisible. Elle laissa tomber sur ses joues une larme.

Nous reprîmes le chemin de l'exil dans l'obscurité la plus profonde, et en silence. Notre guide nous précédait, se retournant souvent pour régler sa marche sur la nôtre, cherchant à ménager nos forces le plus possible. A voir ses précautions incessantes, on devinait ses inquiétudes et ses appréhensions; évidemment, des périls nous environnaient. Nous nous trouvâmes bientôt sur les bords d'une sorte de précipice. Nous longeâmes la gorge creusée à notre gauche. Nous descendîmes une côte assez longue pour nous trouver au pied d'une montagne qu'il nous fallait franchir. Notre guide nous invita à nous reposer un peu. Ma sœur, surtout, ne demandait pas mieux. Elle s'assit et regarda cette hauteur à gravir avec un air d'accablement qui n'échappa pas au bûcheron.

— Je vous monterai là-haut sur mes épaules, dit-il, je suis fort; j'ai porté des fardeaux bien plus lourds que vous, noble dame.

Berthe ne put jamais consentir à accepter l'offre que lui faisait ce brave homme; elle se borna à nous dire : « Donnez-moi le bras l'un et l'autre, et je me sens le courage de vous suivre. » La montée était rapide, garnie de ronces et de buissons, parsemée de rochers. Nous avancions péniblement en louvoyant, en nous arrêtant souvent pour prendre haleine; enfin, à force de pauses et d'efforts redoublés, nous atteignîmes la cime. Après une courte station, nous prîmes le versant opposé; il était moins raide que l'autre; mais comme nous pesions, en quelque sorte, de tout notre poids sur nos pauvres jambes déjà bien fatiguées de leur précédent travail, nous fûmes obligés de soutenir ma sœur, de la porter, parfois, pour achever ce trajet trop long pour elle.

Etant arrivés dans une petite plaine, le bûcheron nous fit remarquer dans le fond une chaumière. Nous étions encore dans la forêt, mais près d'en sortir.

— C'est l'habitation de mon ami, dit-il; si vous le voulez, nous allons lui demander asile immédiatement. Il y aurait danger à nous laisser surprendre en route par le soleil.

L'aube du jour ne pouvait tarder longtemps à paraître, nous avions marché pendant plusieurs heures. La proposition de notre conducteur nous fut très agréable.

VI. — Un rêve.

La chaumière destinée à nous recevoir avait bonne apparence et appartenait à la famille qui l'habitait. Une colline à pente douce l'abritait au nord ; au fond s'étendait une prairie arrosée par une petite rivière qui allait, au nord-est, se jeter dans le Rhin.

L'habitation, basse et bâtie en pierres rouges, était encadrée dans un massif de verdure. Notre guide frappa doucement à la porte.

— Qui êtes-vous? dit quelqu'un de l'intérieur.

— Ami, répondit le guide.

On reconnut sa voix et l'on ouvrit aussitôt. Un homme se montra à moitié habillé. A notre aspect il se retira subitement; notre guide le suivit. Au bout de quelques instants il reparut et nous introduisit dans un rez-de-chaussée éclairé par une lampe qu'on venait d'allumer. Les meubles et la tenue du lieu annonçaient l'aisance. Notre nouvel hôte ne se fit pas attendre; il avait pris tout juste le temps de s'arranger décemment dans une pièce voisine. Sa mine m'impressionna favorablement.

Il savait déjà que nous étions des fugitifs. Notre guide lui avait révélé nos aventures en quelques mots. Il se hâta de nous offrir ses services.

Il fut convenu que nous passerions la journée chez lui. Notre guide prit congé de nous en faisant mille et mille souhaits pour notre bonheur. Il refusa une somme que je lui présentai, en disant qu'il trouvait sa récompense dans le plaisir de nous obliger. Puisse-t-il la goûter à jamais, cette douce jouissance d'un bienfait rendu! puisse-t-il en recevoir la première couronne dans les joies constantes d'une aimable et sainte famille, dans les bénédictions célestes répandues sur ses vœux et ses travaux, et dans l'espoir inébranlable et fondé de la récompense immortelle que Dieu réserve au dévouement!

Ma sœur et moi nous prîmes quelque repos. A notre réveil, nous fûmes salués par la maîtresse du logis, accompagnée d'un garçon et d'une fille encore jeunes. Tout respirait en eux la bonne éducation et la piété! Ils nous charmèrent, autant par leurs belles manières que par leurs soins et leur générosité.

L'hôte, qui connaissait nos intentions et qui sentait, comme nous, le danger d'un trop long séjour, nous proposa de partir le jour suivant, de grand matin. Son avis était trop sage pour n'être pas goûté ; nous fîmes nos adieux le soir, et, le matin avant l'aube, nous laissâmes le toit hospitalier.

Aux premiers rayons du jour nous nous trouvâmes sur une cime d'où nos regards pouvaient embrasser un vaste et magnifique panorama. A nos pieds des champs destinés au houblon, cette vigne du nord; de grandes prairies où courent les cigognes effarouchées; des hameaux, des chaumières à droite et à gauche; à l'horizon, deux chaînes de montagnes; par ici les Vosges, par là la Forêt-Noire, d'un aspect tout différent. L'état du ciel annonçait une belle journée; la lune, près d'achever son cours, pâle et sans rayons, se détachait cependant sur cet immense champ d'un gris bleuâtre qui, vers le bas, à l'orient, se perdait par une transition insensible dans une teinte jaune rosé. A des degrés inférieurs, s'étendaient en longues bandes inégales, quelques nuages d'une couleur plus azurée que sombre, et dont les derniers étaient bordés d'une ligne de feu qui, de moment en moment, devenait plus vive et plus tranchante. Au midi, d'autres nuages rassemblés, légers et moelleux, pour ainsi dire, allaient se colorant de mille nuances sans nom.

Le Rhin promenait majestueusement ses ondes resplendissantes entre des coteaux et des monts qui semblent étagés les uns sur les autres.

A mesure que le jour augmentait, la scène environnante devenait plus distincte. On voyait se dessiner sur les versants des forêts de sapins, et, dans les vallées, mille sites riants, enrichis des premiers ornements de la saison nouvelle.

Ma sœur paraissait jouir plus que nous d'un si beau spectacle, lorsque tout-à-coup elle laissa échapper un cri de surprise. Elle apercevait, en ce moment, des hommes qui se dirigeaient vers les bords du grand fleuve.

— Ce que vous remarquez, dit notre conducteur, ne doit point vous inquiéter. Ce sont des orpailleurs.

— Des orpailleurs!... repartis-je; ces gens-là me sont un peu connus. Je les avais vus, en effet, ailleurs, et voilà en quoi consiste leur travail.

(1) Le Rhin est un des fleuves qui ont le privilége de rouler dans leurs eaux quelques paillettes d'or. Cet or vient des affluents qui ont leur source dans les hautes montagnes de la Forêt-Noire. Les orpailleurs exploitent les sables du fleuve, principalement dans les lieux où nous étions. Vu à une certaine distance, chaque groupe de travailleurs a quelque chose de confus et de mélancolique. On ne devine pas bien ce que peuvent faire ces pygmées, tantôt accrochés aux flancs du grand fleuve, tantôt échoués, presque perdus sur les îlots qui tachètent en points noirs son éblouissante surface. Rien de mesquin et de chétif comme ces quelques points s'agitant dans un cadre aussi vaste, pour mendier quelques florins au géant qui roule des milliards à leurs pieds.

Trois hommes suffisaient aux manipulations du sable dont on extrait les paillettes. Quant au matériel, il est bien simple : une brouette, une claie, quelques baquets et des sébiles; c'est tout ce qu'il faut pour l'opération.

(1) *L'Univers illustré.*

Un des trois hommes transporte le sable du banc qu'on exploite jusqu'au premier laveur, qui en sépare, sur la claie, les cailloux les plus grossiers. Le sable qui a passé est recueilli par le même ouvrier, mêlé à beaucoup d'eau, et versé sur la partie inférieure de la claie, que recouvre, en cet endroit, une toile, un drap grossier ou même une peau de mouton. Le sable le plus ténu et en même temps les quelques paillettes d'or qui s'y trouvent mêlées, restent fixés aux poils du drap ou aux imperceptibles rugosités de la toile.

Le troisième travailleur ramasse cette toile ou ce drap et le débarrasse avec soin, par un grand lavage, de toutes les précieuses parcelles de sable aurifère.

Là s'arrête le travail, sur place, des orpailleurs. Le sable ainsi préparé, constitue une sorte de boue d'où l'or s'extrait plus tard, par le moyen du mercure. L'or extrait est envoyé dans les villes où se trouvent des orfèvres chargés de le purifier.

Cette industrie assez peu productive avait pourtant contribué à mettre notre nouvel hôte dans une honnête aisance.

— Ces ouvriers, reprit-il, en général sont bons et dignes de notre confiance; tout-à-l'heure ils vont nous aider.

Pendant ce discours, il nous conduisit vers

une hutte à quelques pas du Rhin. En entrant il
s'adressa au maître du logis prêt à partir pour
son travail. Il le tira à l'écart, lui parla quelques
instants et revint vers nous, en lui disant tout
haut :

— Je vous amène des orpailleurs intelligents.

— Je ne refuse pas leurs services, répondit
l'interlocuteur en nous regardant avec un air
d'intérêt particulier; mais avant de se mettre à
l'ouvrage il est bon de se reposer et de manger.

Nous acceptâmes son offre et puis nous partîmes. Quand il fallut mettre le pied dans la bar-
que de l'orpailleur, ma sœur éprouva une faiblesse. Elle fuyait la persécution, peut-être la
mort, et, pourtant, la pensée de l'exil lui devint
si déchirante à l'instant où son pied cessait de
toucher le sol de la patrie, que son cœur ne pou-
vant la supporter, se laissa choir, si je puis ainsi
parler. Nos soins l'eurent bientôt rappelée à la
vie. Ses larmes coulèrent alors avec abondance
et lui furent un soulagement. Dans ces moments
d'épreuves solennelles, sa foi se faisait sentir
plus vive et la rendait calme et résignée. Hélas!
j'étais loin d'être étranger à ces douloureuses
impressions, mais je me contenais autant que
possible afin de soutenir le courage de ma sœur
par l'apparence de celui qui me manquait souvent à moi-même. La traversée dura environ une
heure; nous aurions pu passer le fleuve en moins

de temps; mais il fallait avoir l'air de travailleurs et non de fugitifs, et pour cela imiter le
mouvement ordinaire des autres barques qui allaient et venaient d'un bord à l'autre en louvoyant et en s'arrêtant dans les îlots. Nous eûmes
mes soin de nous tenir à l'écart et assez loin,
pour n'être pas distingués.

Nos honnêtes conducteurs refusèrent nos of-
frandes, et après nous avoir mis sur la voie de
notre destination, ils durent se résigner à ne
nous accompagner désormais que de leurs vœux
les plus sincères.

Nous atteignîmes, vers le soir, le terme de notre course si pénible. Je m'empressai de placer
ma sœur dans un couvent qu'on me désigna; et
je me logeai moi-même dans un hôtel modeste.
Charles ne tarderait pas à nous rejoindre jusque-là, et nos ressources devaient nous suffire
amplement. Tel était notre espoir. Quinze jours
s'écoulèrent dans une attente vaine. Pourquoi
Charles n'arrivait-il pas? Nos alarmes allaient
croissant à chaque jour, et bientôt à chaque
heure, à chaque minute de retard. Je voyais
Berthe assez fréquemment; et je n'avais qu'à me
louer des attentions des dames qui me l'avaient
reçue dans leur maison. Mais ces procédés gracieux et généreux ne dissipaient pas nos
craintes.

Un soir notre entretien avait été des plus tris-

tes, et je quittai ma sœur plein d'une inquiétude
indéfinissable. Il me semblait que je la voyais
pour la dernière fois, et que je m'éloignais en laissant je ne sais quel vide dans nos adieux.

L'aspect du ciel lui-même était sombre, et annonçait je ne sais quoi de sinistre. J'étais alors
sur une hauteur qu'il fallait gravir pour revenir
à mon hôtel. Le soleil disparaissait derrière d'épais nuages amoncelés comme les infortunes
autour d'un monarque qui succombe. Mes forces
étaient tellement abattues que je me couchai
sans rien prendre, aussitôt que j'eus regagné
mon logis. Quelle nuit affreuse! Mon sommeil
commençait à peine, qu'un songe terrible vint
s'en emparer pour le remplir tout entier.

Cette nuit amère de notre fuite revint à mon
esprit. Je me retrouvai avec ma sœur, dans cette
forêt profonde choisie pour nous abriter contre
les poursuites actives de nos cruels ennemis.
Mais ici, tout prend une couleur plus sombre;
les arbres présentent de nouveau, autour de
nous, mille formes fantastiques et effrayantes;
tantôt on dirait des géants terribles, tantôt des
brigands postés à dessein de surprendre et de
frapper leur coup. Tandis que ces images sinistres troublent mon imagination, une sorte d'éblouissement saisit ma pensée jusque dans ses
plus intimes replis; et tout espoir s'évanouit
dans une douloureuse défaillance.

Berthe se serre contre moi.

Poursuivis de fantômes menaçants, nous cherchons un asile dans la caverne qui s'offre à nos regards. Nous y pénétrons à la hâte et sans précaution aucune, comme pour échapper à un danger imminent.

C'est l'orifice d'un souterrain, d'un abîme sans fond, où la peur nous pousse. D'abord, nous allons par une pente raide que bordent, à nos côtés, des pointes de rochers hérissés de ronces et d'épines; nous nous trouvons ensuite dans une espèce de galerie s'allongeant en circuits infinis, tantôt larges, tantôt étroits, tantôt à voûte élevée, tantôt à voûte si basse qu'il faut se courber pour avancer, mais si sonore que le bruit de nos pas nous épouvante.

Nous étant arrêtés un instant pour démêler s'il est quelque réalité funeste dans ces échos qui retentissent à nos oreilles d'un son lugubre, nous croyons entendre des voix annonçant je ne sais quels êtres venant derrière nous. Comme ils paraissent s'approcher d'un pas rapide, nous nous tapissons bien vite dans une sorte d'enfoncement ouvert dans une des parois de ce ténébreux sentier.

Nous avons à peine le temps de nous retourner pour apercevoir, à la pâle lueur d'un flambeau que l'un d'eux tient à la main, des hommes à figure hideuse. Ils sont plusieurs, et ils mènent une jeune fille, la bouche bâillonnée et les mains attachées derrière le dos. Elle passe devant nous, sous l'empire de la violence, et le désespoir sur les traits. A quelques pas en face de nous, une porte s'ouvre et montre une vaste enceinte éclairée où ces monstres s'introduisent sans rien dire.

Quelques moments s'écoulent sans qu'aucun bruit se fasse entendre; nous concevons la pensée de sortir de cet antre en revenant sur nos pas; nous différons toutefois ce dessein, de crainte de rencontrer quelque brigand en retard, à la suite des premiers.

Dans cet intervalle, le silence a cessé dans le repaire où la troupe s'est réunie. Je laisse ma sœur, qui n'ose me suivre, et je m'approche doucement de la porte que j'ai vu ouvrir et fermer. Je parviens à voir dans l'intérieur par une petite fente.

Une table est dressée au milieu de cette salle souterraine; deux flambeaux suspendus à la voûte éclairent un festin. Je vois apparaître des viandes fumantes et diversement apprêtées, des cruches remplies de vin et d'autres liqueurs.

Un individu occupait le poste d'honneur. Son visage annonçait des habitudes de violence et d'insolence. Les excès de l'ivrognerie avaient amorti le feu de ses yeux et teint en rouge la partie blanche de leur globe. La férocité et la luxure semblaient s'y disputer leur empreinte. A sa droite, siégeait le bourreau, les manches retroussées jusqu'au coude, ses bras et son grand couperet, placé devant lui sur la table, dégouttants de sang. Les autres convives portaient des figures ignobles où s'exprimait tout ce que le vice et la cruauté ont de plus atroce.

Les viandes sont dévorées au milieu de copieuses libations. On boit dans les custodes, les calices et les autres vases sacrés dérobés aux églises. On vomit des blasphèmes si horribles, on chante des chansons si licencieuses, que je remercie le ciel que ma sœur ne soit pas à portée de les entendre.

En ce moment, quatre individus dont rien ne saurait dépeindre les traits barbares arrivent par une porte donnant dans une autre pièce plus retirée, et mènent garrottés, les deux premiers un évêque, et les deux derniers la jeune fille que j'avais vu passer.

— Ah! ah! s'écrie le chef de la bande, monsignor le capucin, tu veux bien nous honorer de ta présence une fois dans ta vie.

En entendant ces paroles où l'ironie se mêlait à l'insolence, le prélat paraît armé de toute la noblesse et de toute la dignité de son caractère auguste. Son regard devient tranquille et assuré; son maintien imposant et sa courageuse résignation participent, à la fois, d'un prince de la terre et d'un martyr chrétien. L'interlocuteur audacieux ne peut se soustraire d'abord à l'influence de la contenance héroïque de son prisonnier, il est comme saisi d'un air d'irrésolution qui lui fait baisser les yeux. Ce n'est qu'après avoir avalé un grand verre d'une liqueur violente qu'il reprend son maintien féroce et insultant. Levant alors les yeux sur l'infortuné captif, respirant péniblement, grinçant les dents, allongeant vers lui son poing fermé et faisant tous les gestes propres à inspirer la peur :

— Evèque *in partibus Russorum, Anglorum, Prussorum, Autrichiarnorum,* s'écrie-t-il d'une voix de tonnerre, consentiras-tu maintenant à bénir mon mariage avec ta fille spirituelle venue ici pour prendre tes avis ?

L'évêque jette un regard mélancolique sur la jeune personne qu'on tenait à ses côtés, et puis se tournant vers celui qui l'interpellait :

— Ma fille spirituelle, répond-il d'un air calme et plein de fermeté, est maîtresse de sa volonté; à Dieu ne plaise que j'ose exercer sur elle la moindre violence.

— Tu préfères donc la voir mourir? répond l'homme féroce.

— Hélas! Dieu sait si je souhaite sa mort; tout ce que je désirerais, ce serait de te voir ému d'un sentiment d'humanité pour une innocente créature qui ne t'a jamais fait aucun mal, et qui, même à cette heure où tu l'outrages, prie dans le fond de son cœur pour ton bien.

Ces derniers mots provoquèrent des éclats de rire et des insultes de toute sorte. Les atroces convives s'agenouillèrent devant l'évêque, puis se relevaient et lui jetaient au visage du vin resté au fond de leurs verres. Au milieu de ces infâmes dérisions, le prélat a la figure d'un ange, un rayon divin brille dans son regard. Un moment de silence se fait, on dirait qu'il le commande.

— Misérable profanateur! dit-il en parlant au chef de cette tourbe infâme, loin de m'intimider, tu m'inspires la pitié la plus vive. Écoute ce que je veux te dire, comme homme compatissant, comme évêque catholique: renonce à cette vie de crimes que tu mènes, restitue le bien que tu as volé, distribue ce que tu possèdes aux enfants de ceux dont tu as fait mourir les pères, aux femmes à qui tu as ravi leurs maris; rentre en toi-même, et, saisi d'épouvante à la vue de tes forfaits et de tes sacriléges, implore la miséricorde de Celui qui ne refuse jamais le pardon au repentir.

— Ah! mon père! s'écrie soudain la jeune fille. Hélas! elle a aperçu un signe du chef féroce; et avant qu'elle ait achevé, l'évêque tombe mort à ses pieds, sous la hache du bourreau, posté derrière lui, et n'attendant que l'ordre pour frapper. La jeune fille se baisse, trempe ses doigts dans le sang du martyr, et en trace un signe de croix sur son front et sur son cœur. Aussitôt les cannibales se jettent sur elle tout furieux. Je n'ai pas le courage de supporter la scène qui se prépare; je me retire plein d'horreur, et je n'entends plus que les faibles cris d'une victime expirante.

L'émoi et l'indignation me donnent des ailes. J'enlève ma sœur tout éperdue de cet exécrable lieu. Hélas! nous fuyons un abîme pour nous jeter dans un autre. La forêt a disparu. Nous avons devant nous un désert que notre regard ne sait mesurer. Pauvres êtres égarés! sans un seul rayon d'espoir pour notre cœur meurtri par de si tristes souvenirs; sans une main qui nous guide et nous soutienne; exposés à être jetés par quelque tempête soudaine sur des plages ennemies! J'entends les soupirs étouffés de ma sœur; que ne m'est-il donné de sécher ses pleurs et de lui entr'ouvrir quelque consolante perspective! Bien loin de là, je me sens sous le poids accablant d'un malheur inévitable. Elle mourra de faim dans cette solitude immense, frappée partout de désolation et de stérilité. Pas une goutte de rosée pour étancher notre soif; pas un léger morceau de miel sauvage pour apaiser notre appétit; c'est une terre maudite où tout être vivant doit périr d'inanition.

— Courage, ma pauvre Berthe, dis-je d'une voix qui trahit mon désespoir secret; courage! celui qui prend soin des petits oiseaux ne voudra pas nous laisser mourir en ce lieu. C'est le moment de montrer combien nous nous confions en lui.

— Oh! mon frère, ai-je jamais douté de sa Providence? et sans cet appui que donne la foi, crois-tu que j'eusse pu soutenir de si rudes épreuves? Mais, vois-tu, le bonheur n'est pas dans ce monde; et qui sait si notre heure n'est pas marquée ici? Regarde, des espaces arides nous environnent de tous côtés, et l'horizon qui les limite est si lointain que jamais nos forces ne suffiront à l'atteindre. Mon bon frère! agissons comme si Dieu nous attendait à cette heure si triste. Figurons-nous qu'il veut mettre fin à nos maux et nous en épargner de plus grands. Préparons-nous à paraître en sa présence avec des cœurs purifiés par les peines qu'il nous envoie. N'est-ce pas un gage de son amour pour nous, que d'abréger nos souffrances en leur donnant le caractère qui sanctifie et sauve? Prions, prions ensemble, afin que ce sentiment se réveille et s'affermisse en nous de plus en plus. A quoi servirait de nous entretenir dans des illusions qu'un affreux dénouement peut dissiper à tout instant?

La prière a ranimé nos forces. Nous avançons au hasard, à travers cette immense solitude. Je ne sais combien de temps nous avons marché lorsqu'un bruit sourd vient frapper nos oreilles. Nous écoutons sans pouvoir le distinguer. A mesure que nous poursuivons notre course, ce bruit augmente. Il nous suit en se rapprochant toujours davantage. Je puis enfin le définir. Ah! tout mon sang se glace dans mes veines. Des bêtes sauvages sont sur nos pas et nous suivent à la piste.

Berthe m'interroge du regard. Je devine son anxiété cruelle; je n'ose lui révéler la vérité; j'espère encore. Elle ne tarde pas à comprendre elle-même quel sort nous menace. Déjà les êtres féroces qui nous poursuivent se montrent et semblent redoubler de vitesse à notre vue.

— Ah! grand Dieu! s'écrie Berthe tout effrayée, ce sont des loups. Il y en a toute une bande. Nous sommes perdus!

— Non non, réponds-je avec toute l'assurance que je parviens à me donner; ces animaux craignent le feu. J'ai deux pistolets chargés. Un seul coup suffira pour les mettre en fuite.

En disant ces mots, je m'arme de mes deux instruments de mort; je fais marcher ma sœur devant moi, et je me tiens prêt à l'attaque. Cependant l'ennemi gagne du terrain sur nous, et bientôt l'avant-garde de cette horrible troupe menace de nous assaillir. Il est urgent de faire halte et de se retourner. Que voyons-nous, des gueules béantes et des yeux enflammés où se lit la soif de notre sang, la faim de notre chair. Je lâche mon premier coup sur un des plus audacieux de ces animaux, au moment où il va s'élancer sur sa proie convoitée; il fait un bond en avant et tombe mort. La balle l'a frappé au front. Aussitôt ses compagnons avides se jettent sur lui et se disputent ses membres palpitants. Nous reprenons notre marche, cherchant des yeux, à droite et à gauche, s'il n'est pas un rocher, un tertre, le moindre lieu propice à nous servir pour notre défense. Plaine partout, et toujours plaine. Nous sommes à découvert en face, derrière et sur les flancs. Hélas! je n'ai qu'un autre coup à tirer. Il me reste, il est vrai, mon poignard; mais que puis-je seul, avec une telle arme, contre tant d'ennemis, s'ils s'acharnent à notre perte?

Le carnage ne les a pas longtemps retenus; nous les entendons de nouveau à nos trousses, nous sentons en quelque sorte l'odeur du carnage qu'ils respirent et qu'ils portent avec eux. Le souffle de leurs gueules ensanglantées du butin qu'ils ont dévoré, frappe notre odorat. Il faut s'arrêter et combattre de nouveau. Un second coup fait une seconde victime, qui devient encore la proie de ces bêtes affamées.

Mais à quoi servent ces triomphes passagers. Ces animaux ne reculent pas devant le feu; c'est retarder de quelques moments notre mort. Nous serons dévorés infailliblement. Ainsi pensé-je en moi-même; je vois l'image de ma sœur déchirée sous la dent meurtrière de ces êtres dégoûtants. Je jette sur elle un regard furtif. Elle marche silencieuse et comme usant de sa dernière énergie. Mon cœur se serre de douleur. Je veux être dévoré le premier, me dis-je tout bas. Le spectacle d'une si bonne et si aimable créature servant de pâture aux loups est au-dessus de mes forces ébranlées. Ah! qu'ils se repaissent de ma chair, qu'ils s'enivrent de mon sang! peut-être que, rassasiés, ils laisseront à Berthe le temps d'être sauvée par quelque soin imprévu que lui ménage la Providence, en qui toute sa confiance repose.

Pendant ce colloque intérieur, le danger a reparu. La troupe insatiable est là, demandant une proie nouvelle. Je saisis mon poignard et je me place devant ma sœur, que je serre près de moi; je lui dis : Confiance! confiance! je me sens la force de les abattre tous l'un après l'autre.

J'ai à peine achevé ces mots que tous ces êtres, comme s'ils les eussent entendus, se jettent en même temps sur nous. Le sang qui coule ne fait qu'augmenter leur rage. Un de mes bras presse ma sœur à mon côté, l'autre frappe et tue. Hélas! la lutte est trop inégale. Je me sens défaillir. Le bras qui combat est épuisé, celui qui

garde ma sœur se laisse aller. J'entends un cri
aigu, c'en est fait.

C'est le paroxysme de la douleur. Mon émotion
a chassé le sommeil; le jour commençait alors à
luire. J'étais si rempli de cette vision nocturne,
que j'eus peine à croire à la réalité qui frappait
alors mes yeux. Je regardais autour de moi,
comme pour chercher des restes de cet affreux
spectacle. Je parvins enfin à me convaincre que
j'avais rêvé. J'en bénis le ciel, et j'adressai à
l'arbitre suprême de nos destinées une fervente
prière.

VII. — Divers incidents.

L'illusion de cet affreux rêve n'avait cédé que
momentanément. Elle revint plus vive que jamais. Je me disais en vain : C'est un songe; le
songe se présentait à mon esprit comme un affreux pronostic. Des rêves présagèrent à mon
père des événements qui ne justifièrent que trop
bien ses appréhensions. Le souvenir de ses ré-
cits se réveillait dans ma mémoire, et me jetait,
en quelque sorte, en proie aux plus terribles
pressentiments. Je cours revoir ma sœur, me
dis-je en moi-même; je me sens le besoin de l'entretenir des dangers qui l'environnent. Qui sait
s'il ne se trouvera pas des espions jusque dans
le couvent, et peut-être sous l'habit religieux?

Jeune et sans expérience, ne soupçonnant pas le mal où il ne paraît pas, elle se laissera surprendre. La pureté de son âme ne lui permettra pas d'être défiante. Je lui dirai mon rêve; elle y verra un avis de la Providence qui l'invite à se tenir sur ses gardes.

Je partais, quand soudain la porte de la pièce que j'occupais s'ouvre. Que vois-je!... un agent de police escorté de quatre hommes armés.

— Monsieur, me demanda-t-il, n'êtes-vous pas le nommé Robert Milner?

— Oui, Messieurs, répondis-je, sans trop savoir ce que je disais, tant ma surprise était grande.

— Nous avons ordre de vous arrêter, reprit-il.

— Qu'ai-je donc fait? demandai-je d'un ton raffermi.

— Nous ne pouvons vous donner aucune explication, repartit l'agent; nous exécutons des ordres, et voilà tout.

— Messieurs, repris-je, je ne suis pas un malfaiteur; voyez ma carte de civisme.

Je la montrai, en même temps je continuai : — Qu'il me soit au moins permis de parler à l'autorité que vous représentez; je lui exposerai ma conduite, et si je ne puis obtenir ma liberté, je lui recommanderai ma jeune sœur, Berthe Milner, placée dans le couvent situé dans la rue X***.

— Nous ne pouvons vous accorder la faveur que vous réclamez, réplique l'agent. Notre consigne est formelle. Sans doute on vous fera connaître plus tard les motifs de votre arrestation.

Quant à votre sœur, je vous promets d'en parler et de la recommander, même de vous en faire parvenir des nouvelles. Veuillez, sur-le-champ, nous suivre. Votre soumission ne peut que vous être avantageuse.

Je me rendis sans résistance. On me prit tout ce que j'avais sur moi en me laissant espérer que tout serait soigneusement conservé pour m'être rendu en temps et lieu. Heureusement, je ne possédais rien qui dût me compromettre.

Les jours, les semaines, les mois, les années se passèrent, et ma captivité durait toujours ; et, gardé comme un homme dangereux, je gémissais dans un profond cachot, sans recevoir aucunes nouvelles de ma sœur ni de tant d'autres personnes chéries, et sans pouvoir obtenir aucune explication au sujet de la rigueur dont on usait. Quand j'adressais quelques questions timides à mes gardiens, ils me répondaient sèchement : « Nous faisons notre métier, » et tout était dit. Sans le sentiment religieux, j'eusse succombé à la rage et au désespoir. Je me traçais, des hommes, le tableau le plus affreux. Ils sont pires que les bêtes fauves, me disais-je ; du moins, celles-ci s'apaisent une fois leur instinct

assouvi; mais les hommes sont insatiables de
haine et de vengeance, d'envie et d'ambition.
En quoi ai-je mérité les durs traitements que l'on
me fait subir? Un infâme scélérat recherchait
une innocente créature. Cette créature le repous-
sait; elle était ma sœur; j'ai voulu l'arracher à
de pressantes et importunes poursuites, et j'ex-
pie mon dévouement dans l'ennui et la douleur.
On me tient sous les verroux, séparé de toute
société.

L'horrible songe qui précéda mon arrestation
revenait sans cesse à mon esprit. Je voyais Marien dans le monstre qui présidait la hideuse
orgie; et, dans la jeune fille immolée, je retrou-
vais... Ah! mon indignation se troublait à cette
pensée, et je tombais dans une sorte de délire où
le sentiment de mes peines semblait s'éteindre.
Quand je revenais à moi, j'étais, en quelque façon, confus de ma faiblesse. C'est alors que les
douces vérités de la foi se montraient et dissipaient les nuages sombres dont j'étais enveloppé. Je goûtais le charme trop peu connu de
la résignation dans les souffrances; de la per-
mission à la volonté divine dans les épreuves;
de l'oubli des injures, du pardon, de l'amour des
ennemis. Je sentais de plus en plus le besoin de
ces ineffables enseignements, et je faisais tous
mes efforts pour les rappeler à ma mémoire et
les imprimer dans mon cœur. J'y puisais tout à

la fois le courage et l'espérance. Je voyais dans les faits les plus touchants de l'histoire sainte, que la Providence n'abandonne jamais les siens. Je voulus en reconnaître une preuve dans ce que je vais raconter.

Depuis quelques jours l'on m'avait placé dans un lieu et sous un régime moins durs. Nous étions en l'an 1801, et après le traité de Lunéville, conclu le 9 février, avec l'Autriche. Un matin, je vis paraître dans ma prison, et c'était la première fois, un autre personnage que les gardiens. L'un de ces derniers l'accompagna dans l'intérieur de la pièce que j'occupais, tandis que l'autre gardait la porte.

Le nouveau venu était un homme grand, maigre, portant lunettes et tenant sous le bras gauche un large carton. Sa présence me glaça d'effroi ; je crus qu'il venait m'interroger, me juger et me condamner. La manière dont j'étais traité en ces moments, me confirmait dans ces craintes. Je me figurai que l'on me ménageait pour adoucir l'amertume des heures suprêmes.

Pendant que ces pensées traversaient mon esprit, celui que je supposais mon juge passa à mes côtés sans me donner nulle attention ; il se dirigea vers un coin de la prison que lui montrait le gardien.

— C'est ici, dit-il, que se trouve la curiosité dont vous m'avez parlé ?

— Là même, répondit le gardien.

Alors le personnage arrangea ses lunettes, et se prit à examiner dans tous les sens possibles une petite éminence où je m'asseyais souvent sans y remarquer rien d'extraordinaire. Au bout d'un certain temps il ouvrit son carton, en tira du papier et y traça des notes. Cette occupation dura environ une demi-heure. Après avoir demandé si d'autres curieux avaient visité cet objet, et avoir reçu une réponse négative, il sortit sans plus rien dire.

La figure de cet homme me frappa singulièrement. Quand le gardien revint m'apporter à manger, je profitai de la bonne humeur que je remarquai chez lui, pour lui adresser des questions concernant cette étrange visite.

— C'est monsieur Hermann, répondit le gardien. Ce personnage est très riche et jouit d'une grande considération dans le pays. Il est grand amateur de tout ce qui porte un certain caractère d'antiquité. Dans la contrée il est connu sous le nom d'*Antiquaire*. Il paie très généreusement quiconque lui découvre quelque chose de l'ancien temps. Ce *tumulus*, car c'est ainsi qu'il me l'a nommé, m'a paru digne de lui être montré. Il est tout enchanté de l'avoir vu.

— On le laisse ainsi pénétrer dans les prisons? repris-je.

— Sans aucune difficulté, repartit le gardien.

Son crédit est tout-puissant auprès du gouverneur. D'ailleurs les prisonniers sont moins sévèrement tenus dans cette prison que dans les autres.

— Je m'en aperçois, interrompis-je; les gardiens à leur tour sont plus gracieux qu'en d'autres endroits. Mon interlocuteur sourit et me quitta.

Il craignait sans doute quelque question indiscrète. Ce n'était pas sans fondement; son air avenant m'encourageait à lui demander de m'éclaircir le mystère de ma longue captivité. Depuis si longtemps je cherchais en vain à connaître les causes des peines que j'endurais, et surtout du secret où j'étais si rigoureusement gardé. L'infâme Marien se plaçait toujours au premier rang des auteurs de ma disgrâce; et, toutefois, je ne m'expliquais pas comment sa vengeance avait su m'atteindre sur la plage étrangère. Que devenait ma pauvre sœur, que devenaient Charles et les autres amis? se trouvaient-ils enveloppés dans le même malheur dont j'étais victime? Tout restait énigme pour moi, et ne servait qu'à aigrir l'amertume de mes ennuis, en faisant naître dans mon esprit des soupçons de toute sorte.

L'antiquaire n'oublia pas le *tumulus* de la prison; il y revint le troisième jour. Il était accompagné d'un magistrat municipal et de plusieurs ouvriers munis d'outils. Après maintes observations on se mit à l'œuvre, on creusa; au bout d'un certain temps on trouva un sarcophage portant des emblèmes et des inscriptions. L'antiquaire était tout transporté de joie. Il avançait, il reculait ses lunettes sur le nez, s'efforçant de déchiffrer ces caractères et ces figures.

— C'est antique, très antique, disait-il; nous sommes ici dans un ancien château habité jadis par des personnages illustres, dont la lignée remonte aux temps les plus reculés.

Là-dessus il se mit à suivre la chaîne d'une tradition interminable, citant des dates, des traités de guerres, des noms et des titres à l'infini.

— Ces inscriptions, ces emblèmes, ajouta-t-il, doivent en dire quelque chose?

Il se tourna en même temps, semblant interroger tous ses auditeurs.

Chacun s'approcha, regarda avec attention sans pouvoir y lire ce que racontait l'antiquaire. On ne s'accordait pas dans les explications. Comme chacun donnait son avis librement et que monsieur Hermann prêtait une oreille complaisante, je me permis d'émettre le mien concernant les emblèmes. J'en avais vu de semblables en France. J'en avais entendu faire l'analyse. Avec le seul secours de ma mémoire, je hasardai une interprétation dont l'antiquaire fut satisfait. Il fixa quelques instants ses yeux sur moi, dit un mot à voix basse au magistrat municipal, puis inclina la tête, et me regarda encore.

— C'est assez pour le moment, dit-il. Que personne ne touche à notre travail; nous y reviendrons sans tarder.

Ces mots dits, on se retira, et je me trouvai seul dans ma prison.

Quelques jours après, le sarcophage fut enlevé et placé dans un musée avec une nouvelle inscription portant que la découverte en était due à monsieur Hermann. Avant ce travail, l'antiquaire revint dans la prison, et, cette fois, je fus l'objet de sa visite.

— Monsieur, dit-il, je m'occupe de vous, et j'espère, sous peu, vous apporter quelque bonne nouvelle. Vous me paraissez mériter des égards, à ne voir que votre bon air; et vous possédez un talent qui ne doit pas rester caché.

Ma surprise fut grande, en entendant le discours de ce personnage; je ne savais à quoi attribuer l'intérêt qu'il me témoignait, ni me faire une idée du talent qu'il reconnaissait en moi. Il ne me laissa pas dans l'embarras que j'éprouvais pour lui répondre.

— Ne vous tourmentez point de cela, continua-t-il. Attendez avec patience; vous me reverrez bientôt.

Il tint parole et m'annonça ma grâce en disant :

— Ce n'est sans doute pas tout ce que vous désirez. Il faut se résigner en attendant mieux. Vous pouvez me suivre sur-le-champ; on veut bien m'admettre à être votre caution; ma propre demeure sera votre prison; nous tâcherons de vous la rendre douce.

— Ah! respectable seigneur, m'écriai-je, les expressions me manquent pour vous dire toute ma reconnaissance. Pourrais-je refuser le bienfait que vous daignez proposer à un pauvre étranger, ignoré de tous, et condamné...

— Mon ami, mon jeune ami, interrompit brusquement l'antiquaire, laissons là les détails. Nous devons nous soumettre aux actes de l'autorité; elle n'agit jamais sans de justes motifs.

— Je suis tout plein de déférence, repris-je, pour mes juges. Ils ont été trompés...

— Mon ami, trève de plaintes, de récriminations, interrompit de nouveau l'antiquaire.

— Je vous obéis, repartis-je. Mais puisque vous avez bien voulu plaider ma cause et obtenir une faveur que je sais apprécier, au nom de la charité évangélique que vous pratiquez si bien, veuillez me dire de quel crime l'on m'accuse, et, si c'est un mystère que vous devez respecter, du moins, digne seigneur, me serait-il permis de vous demander si vous avez entendu parler de ma sœur, nommée Berthe Milner, retirée au couvent de la rue X***, exilée comme moi...

— Votre sœur! votre sœur! interrompit-il encore avec plus de vivacité que jamais, votre sœur, mon jeune ami, est où elle doit être... affaire de légèreté... d'étourderie...

— Eh quoi! m'écriai-je, elle aurait épousé Marien, l'homme cruel?...

— On vous parlera de tout cela en temps opportun, dit l'antiquaire en m'imposant silence par un geste presque impérieux; il s'agit de savoir si vous voulez profiter de la faveur que l'on vous offre pour le moment?

— Je suis à vous, répondis-je; disposez de moi selon votre bon plaisir. J'ai la confiance que vous n'aurez pas à vous repentir de vos bontés, et que vous me trouverez moins pervers qu'on s'applique à me dépeindre.

— Mon excellent jeune homme, repartit l'antiquaire, je connais cette aventure. Caprice, caprice, mon enfant; le temps apporte remède à tout; il mûrit l'homme. Tout m'annonce que je serai content de vous. L'on sera obligé de convenir que je vous ai bien jugé. Allons, mon bon jeune homme, partons. Voyez, toutes les pièces sont en règle. Nous ne trouverons nul obstacle sur notre route. Le gardien va vous remettre en passant les objets dont on s'était saisi au moment de votre arrestation.

Nous sortîmes, et je retrouvai exactement tout ce qu'on m'avait pris. Je dis adieu à mes gardiens. Je tirai de mon petit trésor de quoi les récompenser de leurs bons procédés; ils acceptèrent mon offre en me souhaitant toutes sortes de prospérités.

— Et, surtout, ajoutai-je, vous devez désirer que je sache me passer à l'avenir de vos bons offices. Cette observation fut accueillie par un sourire.

A peine hors de la prison, nous trouvâmes une voiture attelée de deux chevaux, avec un cocher en livrée. Nous y montâmes; et comme on commençait à marcher, l'antiquaire me dit :

— Nous habitons la campagne. J'ai ici un petit manoir; j'y viens rarement, et seulement pour affaires. J'en confie le soin à un intendant fidèle et intelligent. Naguère, nous y passions l'hiver. Depuis les mouvements et les troubles des guerres, nous nous trouvons plus tranquilles à la campagne. Nous pourrions cependant y revenir comme auparavant, si la paix que la France a signée avec l'Autriche est durable.

Monsieur Hermann me fit connaître alors tous les événements arrivés depuis ma captivité. Il me parla beaucoup des changements survenus en France; du 18 brumaire, du premier consul, Napoléon Bonaparte; des victoires des armées républicaines, et des principales conditions de la paix de Lunéville; il fut alors permis à certains émigrés de rentrer dans leurs foyers. Je n'avais point part à cette faveur. L'influence mystérieuse qui pesait sur mes destinées l'emporta sur les droits d'un infortuné persécuté injustement. La seule grâce qu'on m'accorda était celle que le hasard porta l'antiquaire à obtenir.

Cet homme respectable et généreux comprenait mon chagrin secret.

— Le temps viendra, le temps viendra aussi pour vous, ajouta-t-il d'un air tout propre à relever mes espérances.

— La Providence, repris-je, montre bien qu'elle ne veut pas m'abandonner. Souffrez, continuai-je d'un air de suppliant, que je vous raconte mes malheurs, afin de vous donner, du moins, la douce consolation que vos bienfaits ne tombent pas sur une âme perverse.

Il daigna m'écouter, cette fois, avec une attention qui ne lui était pas ordinaire, car ce savant, comme tant d'autres, était excessivement distrait; je vis que mon récit l'avait heureusement impressionné.

— Tant mieux, tant mieux qu'il en soit ainsi, me dit-il.

Il s'arrêta et demeura quelques moments pensif. Evidemment, cet homme portait des préventions. Tout, dans son air, me donnait à entendre qu'il les combattait, et que son plus grand plaisir était d'en triompher entièrement. Il releva la tête, me regarda fixement, et prononça ensuite quelques mots qui me firent concevoir l'espérance que je parviendrais à me réhabiliter dans son esprit.

— Voyez ma maison d'hiver, s'écria-t-il soudain et d'un air qui montrait combien il était heureux de changer de sujet de conversation.

Nous étions déjà fort loin de cette habitation, située à une assez forte distance de la ville. Je pus l'apercevoir, mais j'eus en d'autres circonstances la faculté de mieux la remarquer. Elle occupait le haut d'une colline. Quoique moderne, ce château offrait un air d'antiquité ; le propriétaire, en le faisant élever sur les ruines d'une simple maison de plaisance, y avait introduit un mélange de divers vieux styles d'architecture, pour lesquels il professait un culte particulier.

L'antiquaire eut alors le soin de me les nommer tous, et de me retracer l'histoire et le caractère distinctif de chacun d'eux ; après quoi il ajouta :

— Mon jeune ami, que je vous explique à présent d'où naît l'intérêt que je vous porte. Votre interprétation des emblèmes du sarcophage révèle en vous un talent réel du blason.

— A vous parler sans détours, repartis-je, je ne m'en doutais pas.

— C'est là justement ce qui me confirme dans

mon opinion, continua l'antiquaire. Le talent est d'autant plus réel qu'on s'en doute moins, tout en le possédant. Tel est le vôtre. Nous en tirerons parti, soyez-en convaincu. Ne vous êtes-vous donc jamais occupé d'armoiries? Si cela pouvait être, vous m'étonneriez, et il faudrait croire que vous avez la science infuse.

— Dans quelques circonstances, répondis-je, j'ai pu entendre parler sur ces matières; à part cela, je n'ai fait aucune étude spéciale.

— Eh bien! raison de plus, pour moi, de supposer un vrai talent chez vous, qui sait! peut-être le génie de la chose. Allons, mon jeune ami, la Providence nous a bien servis tous deux. Je suis en relations avec les savants de votre pays. Nos opinions politiques diffèrent, il est vrai; mais la science n'a pu faire de ces divergences. Les rapports interrompus par la crise révolutionnaire ont déjà repris leur cours. Le premier consul songe à relever les universités et les écoles. Il aime et protège les savants. Vous connaissez le français et l'allemand, je m'en suis aperçu; vous pouvez donc me servir de secrétaire et d'associé. Nous nous entendrons pour la question d'intérêt.

J'étais vraiment confus de la haute idée que monsieur Hermann concevait de mon aptitude. Ne va-t-il pas bientôt être désabusé? pensai-je. Je tâcherai d'éviter les cas difficiles, je me ran-

gerai à son avis, il y tient, et je remarque qu'à
ses yeux, c'est déjà être très habile dans la partie, que de savoir s'y conformer. En attendant,
mes correspondances me fourniront l'occasion
de savoir des nouvelles de ma sœur et de mes
amis. Ces dernières espérances ne se réalisèrent
pas. Mes autres conjectures se trouvèrent assez
fondées, et je n'eus qu'à m'applaudir de m'être
rendu, sans trop de façons, aux désirs et aux
vues de l'antiquaire.

Durant ces divers entretiens, nous avancions
à travers de riches paysages et au milieu des
scènes variées des premières parures du printemps, sans trop les remarquer. Après plusieurs
heures de marche, nous arrivâmes au terme de
notre voyage.

VIII. — La vie d'un savant.

Le château de monsieur Hermann, où nous venions fixer notre habitation, est dans un site
des plus pittoresques. Il est comme réfugié au milieu des arbres, à l'entrée d'une vallée fertile, entre deux croupes boisées, plus fières que des
collines et moins âpres que des montagnes. Ce
château est une sorte de mosaïque qui lui faisait
donner, par l'antiquaire, le nom d'*Alhambra* de
la contrée. La route légèrement montante qu'on

suit pour y arriver, tourne sans cesse et laisse voir, à travers des échappées d'arbres, des points de vue charmants et inattendus. La plaine que l'on découvre du plateau qu'occupe l'édifice, est arrosée par une rivière qui promène en brillants méandres ses ondes argentées. Aux environs sont de riches fermes, presque toutes dépendantes du château.

Le jour baissait lorsque nous franchîmes le seuil de ce grave et intéressant séjour. A peine eûmes-nous mis pied à terre, que monsieur Herman me prit par la main, et me conduisit par un escalier de pierre de taille, établi dans une tour située à l'entrée principale, dans une chambre au deuxième étage.

— Voilà votre logement, me dit-il. On va vous apporter tout ce qui vous est nécessaire pour le moment; dans la suite, on aura soin que rien ne manque. Je reviendrai vous prendre. Je vais parler de vous à ma famille; on sera bienveillant pour vous; à la fin, tout sera au mieux.

Le cocher qui nous avait conduits parut presque aussitôt après monsieur Hermann. Il déposa du linge et les habits que je portais avant ma captivité. Je quittai le costume de la prison, et je me mis aussi proprement que possible. Ma chambre, à l'est du château, donnait sur une des collines qui bordaient le plateau. Ce côté offrait des aspects pittoresques et appropriés à ja méditation. J'avais à ma disposition une biblothèque composée d'ouvrages français et allemands. Je connaissais les deux langues, ce qui me donnait la faculté de lire les uns et les autres, sans parler des avantages que je puisais dans cette connaissance pour la conversation et mon titre de secrétaire. L'ameublement était complet et beau, y compris tout ce qu'exigeait mon nouvel emploi.

Monsieur Hermann vint me chercher et me présenta à sa famille, composée de son épouse, Christine, et d'une unique enfant, de l'âge de ma sœur, appelée Charlotte. Je vis dans l'accueil gracieux qu'on me fit, que l'antiquaire m'avait dépeint sous de bonnes couleurs; et cela devint encore plus manifeste dans la suite, sans que, pourtant, je fusse jamais entré dans aucune explication avec ces dames sur mes aventures.

— Nous devons songer, avant tout, dit monsieur Hermann, à réparer nos forces et à nous reposer; demain, nous trouverons à nous occuper et à nous distraire. Le peu de vivres que nous avons pris, à notre départ de la ville, ont laissé une large place au dîner.

Il nous fut bien facile de mettre à profit ce conseil, ayant sous la main les mets les plus propres à nous restaurer. Pour la première fois, depuis des années, j'avais un gîte, une table, une couche qui me rappelaient le foyer paternel. Sans la cruelle pensée de l'exil et de la séparation de tant d'objets chéris, j'eusse vécu dans la joie et le bonheur! J'étais traité comme un membre de la famille.

Le lendemain, après le déjeuner, l'antiquaire me fit monter un grand escalier à deux rampes, et m'introduisit dans ce qu'il appelait le *sanctum sanctorum*. A notre apparition dans cet appartement, situé au plus haut étage, une petite fille laissa tomber un torchon qu'elle tenait à la main, et s'enfuit par une issue dérobée pour éviter la colère du maître, qui défendait de rien toucher dans ce lieu.

— Nous allons être étouffés par ce nuage de poussière, dit avec humeur monsieur Hermann; je vous assure, du reste, que c'est une poussière fort respectable, qui ne demande pas à être troublée.

Nous étions dans une pièce de moyenne largeur, éclairée par deux fenêtres hautes et garnies de vitraux. Les tables étaient chargées de livres. Tous les volumes n'y contenaient pas; plusieurs traînaient par terre ou sur des siéges, confondus dans un chaos de cartes géographiques, de gravures, de feuilles de parchemin, de lasses de papiers, de vieilles armes de toute espèce : épées, boucliers, cuissards, brassards, etc.; sur une armoire placée derrière le fauteuil de l'antiquaire, figuraient des bustes,

des patères, des lampes romaines, quelques têtes de bronze. Une vieille tapisserie à personnages cachait une partie de la muraille; le reste
était décoré d'une boiserie en chêne contre laquelle apparaissaient suspendus des portraits de
guerriers armés de pied en cap. Enfin, une immense table de chêne portait des médailles, des
coquillages, des objets d'art de divers métaux,
dont le principal mérite consistait, pour moi,
dans la rouille qui en accusait l'antiquité. Un
gros chat noir s'était placé au milieu de ces débris du temps passé, avec une gravité compara-
ble à celle de Marius assis sur les ruines de
Carthage. Il aurait pu passer, à des esprits su-
perstitieux, pour le *genius loci*, le démon tuté-
laire du lieu. L'antiquaire le caressa sans le
déranger. Je ne répète pas les détails où il entrait en parcourant les objets curieux qui frap-
paient mes regards; qu'il me suffise de dire que
l'histoire du monde y fut presque passée en
revue.

— Nos études, ajouta-t-il, rouleront sur ces
matières. Entendez-le bien, mon jeune ami, je
déteste les frivolités trop communes dans les
ouvrages modernes. Vous partagerez mes goûts,
je le prévois. Vous montrez un esprit mûr.

Mon patron n'était pas exigeant; toute ma
science dans cette circonstance avait consisté à
répondre oui ou non, selon l'opinion du maître.

Heureusement pour moi, il n'en demanda jamais davantage.

Toute cette journée se passa ainsi. Le soir, avant le coucher, il me suivit dans mon appartement. Il me témoigna de nouveau sa satisfaction sur mon aptitude d'archéologue; il me donna quelques conseils, me traça un plan d'occupations et se retira.

Le jour suivant, il fallut visiter le château et les alentours.

— Remarquez, remarquez donc, me dit-il en me frappant sur l'épaule et en dirigeant de la main les mouvements de mes yeux, remarquez ce fronton triangulaire de la façade touffue et sombre qui est vis-à-vis de nous; considérez ces deux tourelles, espions à faîtages fantastiques, faisant saillie sur le plateau; cette architrave, cette frise ornée de bas-reliefs, ces entablements largement projetés. Ici prirent place de nombreux détails concernant les personnages sculptés, les artistes auteurs de ces figures, le genre gothique, corinthien, bysantin, les époques de transition, à propos desquelles arrivèrent de violentes déclamations contre les tendances païennes de la Renaissance.

— Ce château, continua-t-il, vous devez en juger, est antique; et, malgré son site agréable et les soins que l'on prend de l'habiller à la moderne, il garde son caractère imposant.

Monsieur Hermann entendait signaler les belles allées, les jolis parterres plantés d'arbres et de fleurs, les salles magnifiques et autres pièces où brillaient l'élégance et la richesse du goût du temps et des habitants du lieu. Non-seulement ces parures n'effaçaient pas, ainsi qu'il le disait, l'aspect sévère et original de l'édifice, mais elles formaient un contraste intéressant à l'œil de l'amateur.

Un jour, nous allâmes visiter ce que monsieur Hermann nommait avec fierté le sceau de sa gloire. Nous passâmes dans un long passage voûté.

— Voilà, me dit-il, des titres précieux pour moi. Ces signes emblématiques renferment l'histoire de mes ancêtres et de l'origine de ce château; regardez attentivement. Il approcha une lumière qu'il tenait à la main, et arrangea ses lunettes.

— Regardez, vous dis-je, ces caractères. Ne distinguez-vous pas M. H. dans l'exergue, et, dans le type, n'est-ce pas une mitre?

— Il me semble, en effet, répondis-je, reconnaître... Avant que j'eusse achevé, un homme parut soudain.

— Toujours à l'étude de l'antiquité, dit-il en saluant monsieur Hermann.

Celui-ci répondit avec politesse, mais non sans un peu d'humeur.

— Je vois bien que je vous dérange, reprit le personnage; vous donnez des leçons à ce brave jeune homme. Vous avez raison; tout annonce chez lui qu'il en profitera.

Je compris, à ces discours, que les dames avaient parlé de moi à leur hôte. Monsieur Hermann dut lui en parler aussi, quand ils furent seuls; ses premiers procédés en devinrent la preuve incontestable.

— Eh bien! continua-t-il, que pense votre élève de la mitre?

— Il dit, comme moi et d'autres, repartit monsieur Hermann, ce que vous ne tarderez pas à dire vous-même, et vous en viendrez à partager notre opinion, entendez-vous, maître Frédéric Werther?

— C'est possible, dit celui-ci; mais en attendant, ceci ressemble à une mitre comme votre chat favori ressemble à un merle ou à une baleine. Pourquoi n'y verriez-vous pas plutôt le casque d'*Arminius* vainqueur des légions romaines dans les défilés de Teulberg? ne serait-il pas plus g'orieux pour vous de faire remonter jusque-là vos ancêtres? *Arminius*, en effet, est un mot latin, tandis que l'orthographe vraie du mot, pris de la langue nationale, est *Hermann*.

— Ce fut, un moment, mon opinion, reprit l'antiquaire; mais tout en considérant plus attentivement l'emblème, j'y découvris le heaume surmonté d'aigrettes, de fanons de baleine, selon la coutume des anciens Danois. Si Berthold Ier, duc de Zehringue et de Carinthie, eût jamais revêtu l'armure que vous désignez, assurément ses fils, si fiers de leur descendance, l'auraient conservée avec des marques propres à prévenir toute discussion. Je préfère donc m'attacher à l'idée d'une mitre. Elle est plus d'accord avec la tradition, qui place comme premier habitant de ce séjour, bâti à ses frais, Hermann, parent des margraves, évêque et baron. Sa famille, il est vrai, s'est éteinte en 1770, dans sa lignée directe, mais non dans toutes les autres, ainsi que le prouve un parchemin qu'on vous montrera. Sans ce document, l'interprétation de cet emblème eût été difficile, attendu que certains traits sont presque effacés.

— Jamais, interrompit Frédéric Werther, je ne vous ai entendu si bien raisonner sur cette question qui intéresse autant vos amis que vous. Je ne résiste plus à vos arguments, qui ont pourtant moins d'empire sur moi que les nobles et généreux usages que vous savez si bien perpétuer dans cette illustre demeure.

Ces mots flatteurs impressionnèrent vivement monsieur Hermann, et mirent fin à la discussion. Monsieur Frédéric Werther était gros, de belle taille; il habitait une terre importante éloignée de là. Il s'entretenait d'antiquités plutôt en curieux qu'en connaisseur. Il aimait à faire parade de son esprit railleur. Devenu familier avec monsieur Hermann par de fréquents rapports de famille, il goûtait une joie maligne à le contredire. Néanmoins, la discussion ne dégénérait jamais en dispute : Frédéric Werther savait s'arrêter à temps, et apaiser son ami disposé à s'emporter.

Durant la soirée, qui fut longue, la conversation roula sur divers sujets. On s'occupa particulièrement des derniers événements politiques. Les petites divisions territoriales allaient s'abolir; cela ne contentait pas tout le monde, malgré les compensations offertes. La province qu'on habitait subissait une transformation. Le régiment d'émigrés était dissous. Le duc d'Enghien, son commandant, restait dans le pays en simple particulier, avec la faculté de conserver auprès de lui quelques amis. Comme il aimait la chasse, il se fixait dans le voisinage des forêts.

Tout cela fut dit sans aucune réflexion.

— Et Henri Werther, votre neveu, demanda monsieur Hermann, que devient-il? il ne vient plus nous voir.

— Son régiment était trop loin d'ici, répondit Frédéric Werther; aujourd'hui que la paix est faite, il pourra nous visiter plus souvent, et faire de plus longs séjours.

Henri Werther, neveu de Frédéric, était son

unique héritier. L'oncle vivait en célibataire et n'avait pas d'autres parents. Henri recherchait la main de Charlotte; sa brillante fortune et l'espoir d'avancer rapidement au service militaire, justifiaient à ses yeux ses prétentions, et lui donnaient à ses propres yeux un mérite qu'il jugeait au-dessus de toutes les autres qualités.

Les dames laissèrent monsieur Hermann exprimer sa joie concernant le retour d'Henri Werther, sans faire paraître aucun signe qui révélât leurs sentiments cachés.

Monsieur Frédéric Werther passa quelques jours avec nous. Il nous suivit dans plusieurs excursions scientifiques. Il ne tarda pas à trouver matière à contester avec monsieur Hermann. Celui-ci voulait voir dans la surface d'un terrain élevé les traces d'un monument. Il dit, en s'adressant à moi :

— N'apercevez-vous ici rien de remarquable?

— Pardonnez-moi, lui répondis-je, il me semble... oui, je crois remarquer quelques faibles traces...

— De faibles traces!... reprit-il; c'est votre vue qui est faible. Rien de plus distinct. De faibles traces!... Un camp romain!... Non peut-être un camp permanent, mais du moins un cantonnement temporaire. De faibles traces!... Songez donc que des paysans, des ignorants, des butors, des sauvages, ont détruit deux côtés du carré, et considérablement endommagé le troisième en labourant la terre; mais le quatrième subsiste tout entier. Avez-vous donc des yeux pour ne point voir?

— C'en est fait, pensai-je, ma réputation est perdue; l'antiquaire va me congédier. J'avoue mon ignorance, dis-je d'un air tout confus.

— Dites plutôt votre franchise, repartit Frédéric Werther.

N'eussé-je que cette preuve de la rectitude de vos idées, je vous jugerais très digne de siéger dans le docte corps des antiquaires. Des bergers ont creusé ce fossé, il y a environ vingt ans. Ce coin du carré demeuré debout est une partie d'une cabane construite à la même date. Comment monsieur Hermann peut-il voir là les traces d'un camp romain? Autant vaudrait y chercher les ruines de Babylone ou de Ninive. Fouillez, fouillez, mon noble ami, et vous serez convaincu qu'un camp romain n'a pas plus existé ici que l'homme chargé d'épines n'existe dans la lune.

— Il y a eu une cabane de bergers, j'en conviens, répliqua l'antiquaire d'un ton plus calme que je n'eusse cru, mais elle a été élevée sur les débris du camp romain.

— Vous voulez dire, repartit Frédéric Werther, que le camp romain s'est fait avec les débris de la cabane. Allons, mon digne ami, convenez que votre élève a fait des progrès, et qu'il a bien su s'en tirer, puisque votre but était de mettre à l'épreuve son jugement.

Cette fine raillerie arrangea tout, et mit fin aux débats. D'ailleurs la nuit approchait, et nous sentions, tous trois, qu'un dîner nous attendait au château.

Monsieur Frédéric Werther partit le jour suivant. J'aurais beaucoup d'autres choses à raconter; comme les détails en sont à peu près les mêmes, je les omets pour en venir à une promenade qui fut faite à ma deuxième année de séjour dans cette famille. Christine, Charlotte et quelques personnes amies du château furent de la partie. On voulut me procurer la jouissance d'un spectacle tout nouveau pour moi.

Les forêts des montagnes, dans cette partie du duché de Bade, semblent offrir à ceux qui les exploitent d'innombrables trésors. Il se forme des associations de marchands sur plusieurs points. La plus puissante de toutes est celle qui s'occupe des bois flotteurs de la Mourg. Cette rivière descend de la Forêt Noire, et traverse le duché. Dans l'impossibilité d'amener les troncs de sapins de la cime de la montagne jusqu'aux scieries établies sur la rivière, on songea à se servir des torrents. Mais ces torrents sont ordinairement à sec, et, même pendant les plus for-

tes crues, leurs eaux n'auraient jamais la force
d'entraîner au fond de la vallée des troncs de
sapins tout entiers. On imagina alors d'établir
d'énormes barrages vers le sommet des divers
affluents de la Mourg. Ces barrages forment des
bassins considérables qui se remplissent lors de
la fonte des neiges et après de fortes pluies.
Alors on ouvre les écluses, et la masse des eaux
se précipitant dans le lit du torrent, entraîne
avec elle les troncs d'arbres et les bûches amoncelés sur ses rives.

Cette avalanche périodique des bois de la montagne a lieu généralement au mois d'avril, et
attire de tous côtés de nombreux curieux.

D'abord, un bruit sourd se fait entendre, pareil au grondement lointain du tonnerre. Bientôt
le bruit augmente, retentit, éclate enfin comme des décharges d'artillerie que répercutent
tous les échos de la vallée. Au fond du ravin
de Handsbach, apparaît un objet informe, un
mur de bois qui s'avance avec fracas, poussé par
le flot du barrage. Les troncs et les bûches se
pressent, se heurtent, s'entrechoquent dans cet
étroit passage, et bondissent par-dessus les rochers. Au même moment, un bruit plus terrible
encore retentit au-dessus du pont, dans le lit
rocailleux du Schwartzenbach; l'avalanche vient
se heurter contre l'arche tremblante sous ce choc
épouvantable. Les sapins se dressent contre les

parapets et retombent avec de sourds gémisse-
ments; les vagues furieuses s'élancent en mu-
gissant; l'eau jaillit dans les airs; puis tout cet
amas confus s'engouffre sous le pont, et tombe
en cataracte d'une hauteur de vingt pieds, au
fond du bassin formé par la réunion des deux
torrents. Là s'établit une lutte corps à corps,
entre les pièces charriées par les courants con-
traires. Les eaux bouillonnent, sifflent et tour-
noient en tourbillons gigantesques; des bandes
d'écume déferlent sur les rives; les détonations
se succèdent sur tous les tons; et, coup sur
coup, un nuage de poussière d'eau enveloppe le
pont, et les rayons du soleil s'y réfractent avec
toutes les couleurs de l'arc-en-ciel.

Cependant, au bout d'une demi-heure, les
eaux se calment peu à peu, le bruit s'apaise, le
lit des torrents est balayé, et les bois descendus
des hautes cimes flottent sur la Mourg, devenue
une rivière large et impétueuse.

Ce spectacle, des plus curieux que j'eusse vus,
nous coûta une journée entière. Mais nul d'entre
nous ne regretta les heures qu'il nous prit (1).

IX. — La Caverne.

Telle fut, en général, ma vie pendant trois
ans. Tantôt ici, tantôt là, rarement à la ville,

(1) Extrait de *l'Universel illustré*.

presque toujours à la campagne; vie d'études, d'occupations de bureau, d'excursions scientifiques, de visites etc., avec tous les agréments qu'un exilé peut trouver au sein d'une famille pieuse et dévouée. Christine et Charlotte s'appliquaient à chasser les ennuis et les chagrins de mon esprit. Monsieur Hermann, sauf l'originalité du savant, se montrait affable et généreux. Le but de ces hôtes si bons ne consistait pas à me faire oublier ma patrie : ils savaient, au contraire, m'entretenir dans mes plus douces espérances, et c'est en quoi je les estimais et les aimais le plus.

Les choses allaient ainsi, lorsqu'un mendiant que j'avais vu chez monsieur Frédéric Werther, et qui y paraissait comme un habitué de la maison, vint me trouver chez monsieur Hermann. Profitant d'un moment où j'étais seul dans une des promenades du château, il m'aborda d'un air empressé et mystérieux, me disant que si je désirais m'entretenir avec des compatriotes de ma connaissance, il m'en fournirait le moyen secret. J'apprendrais, m'assurait-il, des nouvelles qui m'intéresseraient grandement. Mes compatriotes venaient de la part de mes plus chers amis.

Je fus d'autant plus accessible à la proposition et aux discours de cet homme, que je le croyais honnête et digne de confiance. J'avais toutes les garanties suffisantes dans la façon dont il était traité chez monsieur Frédéric Werther. Je lui répondis donc que j'acceptais avec reconnaissance ses bons offices et que j'étais prêt à le suivre lorsqu'il jugerait l'heure favorable. Le mendiant avait choisi la nuit. Il le fallait ainsi, ajouta-t-il, si nous tenions à éviter des dangers et à ne pas compromettre la vie de mes compatriotes. Il m'engagea à faire mes préparatifs, le trajet devant être assez long. Il me recommanda de n'en point parler aux seigneurs du château. Nous convînmes de nous trouver à tel endroit à telle heure précise. Il s'éloigna.

Monsieur Hermann consentit volontiers à me laisser absenter pendant le temps que je lui demandais, et sur les prétextes que j'alléguai. Pour ne laisser soupçonner rien de nature à préoccuper mes hôtes, je quittai le château dans l'après-midi. Je ne saurais dire tout ce qu'il m'en coûtait d'user de ces précautions vis-à-vis de personnes si dignes d'entrer dans tous mes secrets; mais la consigne était là, et je crus devoir la respecter. D'ailleurs, d'après mes calculs, je pouvais rentrer le lendemain dans la matinée.

Je rôdai le reste de la journée dans les sites retirés; et à l'heure indiquée, c'est-à-dire à la tombée de la nuit, je rejoignis le mendiant, à qui je fis part de quelques provisions de bouche dont j'avais eu soin de me munir. Il en avait lui aussi

à sa disposition, et il m'en offrit ; elles n'étaient
pas à dédaigner, ce qui me causait une certaine
surprise. Nous échangeâmes, là-dessus, quelques mots et nous nous mîmes en route. Nous
gardions le silence le plus absolu. Mon guide me
précédait et j'allais sur ses pas en me réglant
sur sa marche presque précipitée. Il évitait les
sentiers battus. Il se retournait souvent. Parfois
il s'arrêtait et prêtait l'oreille. Tantôt nous des-
cendions dans une gorge ; tantôt nous traversions des buissons qui nous accrochaient sans
pitié pour notre peau et nos habits. Enfin, après
des heures entières de course fatigante, nous
nous trouvâmes en face d'un rocher escarpé,
couvert de ronces et de broussailles. Il avait
dans ses flancs une caverne dont l'étroite entrée
était cachée par les touffes d'arbustes qui crois-
saient à la partie supérieure de l'ouverture.

Nous entrâmes dans ce souterrain obscur, qu'on
eût difficilement découvert sans un guide. Le
mendiant alluma un flambeau qu'il tira d'un
trou du rocher. Il me conduisit dans une enceinte spacieuse et à plusieurs compartiments.
Il en connaissait tous les circuits.

— Ce lieu, me dit-il à voix basse, a été une
retraite de moines. Voici les traces de leur chapelle. Il a, depuis, servi à des inconnus. Etranges
personnages ! ils venaient ici dans le mystère,
former ou exécuter des projets que la lumière

du jour ne devait pas éclairer. Si vous le désirez, je vous en raconterai un qui suffira seul à vous donner une idée des autres. Sur un signe d'assentiment, il me fit le récit que vous allez entendre.

Un soir de la fin d'avril, le bourreau de Colmar était chez lui, tout seul, sa femme et ses aides étant sortis. Il s'occupait à quelques-unes des nécessités de sa profession, c'est-à-dire qu'il raccommodait quelques menottes ou quelque gibet, lorsqu'on frappa à la porte. Il n'hésita pas à ouvrir. Le bourreau est peu craintif; il reçoit peu de visites, et, hors les ministres de la loi, personne n'approche de cette maison. Trois hommes enveloppés de manteaux se présentèrent; un carrosse arrêté à quelque distance et entouré de cinq ou six autres, avança lentement. Le bourreau vit tout cela, il s'en étonna, mais ne s'en effraya point.

— C'est vous qui êtes l'exécuteur des hautes œuvres? demanda l'un des étrangers.

— Oui, Monsieur.

— Etes-vous seul? nous désirons vous parler d'une chose fort secrète.

— Je suis absolument seul; entrez, Messieurs.

Il les prit pour les envoyés de quelque juridiction voisine, et s'effaça pour leur livrer passage; mais il n'avait pas achevé sa phrase que ces hommes se jetèrent sur lui, lui administrèrent une espèce de bâillon, lui lièrent, en un clin d'œil, les bras et les jambes, de façon à l'empêcher de faire le moindre mouvement, et l'emportèrent dans la voiture, où ils montèrent après lui. La portière se referma, les gens de l'escorte sautèrent à cheval, tout cela partit au grand galop. Tous gardèrent le silence tant qu'on fut dans la ville; lorsqu'ils roulèrent sur la terre et que le bruit permit de s'entendre, celui qui avait parlé déjà toucha le bras de l'exécuteur.

— Ecoute, lui dit-il, et ne crains rien; il ne te sera fait aucun mal. Tu as été enlevé pour accomplir un grand acte de justice. Nous répondons de toi, pourvu toutefois que tu n'essayes point de fuir, pourvu encore que tu ne cherches pas à pénétrer ce que tu ne dois pas connaître. On ne répondra à aucune de tes questions; on te donnera tout ce dont tu auras besoin; on te ramènera chez toi, ta tâche accomplie, et tu recevras deux cents louis pour t'être dérangé de tes occupations.

Le bourreau respira, quoiqu'il ne fût point à son aise. On n'en voulait pas à sa vie, c'était beaucoup. Il eût pourtant bien désiré qu'on lui rendît l'usage de ses membres et de sa langue; ce qui eut lieu peu après.

— On va t'ôter tes liens et ton bâillon, continua la même voix; mais c'est à la condition que tu obéiras en tout à nos ordres, que tu ne prononceras pas un mot; au premier cri tu es mort.

Il sentit deux canons de pistolet et un poignard appuyés sur sa poitrine, et il comprit suffisamment qu'un seul parti était à prendre : celui de la soumission.

Dès qu'on lui eut ôté son bâillon, il jura de ne rien faire contre le traité proposé; d'accepter toutes les conditions et de consentir à tout ce qu'on exigerait de lui.

— Bien! tu n'as rien à craindre, alors.

A dater de ce moment, pas une parole ne fut prononcée; la voiture roulait toujours, et très vite; on relayait souvent; les chevaux étaient préparés d'avance, et jamais, à ce que crut le bourreau, dans les endroits habités. Les stores du carrosse se tenaient constamment et hermétiquement fermés. Tout ce que le bourreau put comprendre, c'est qu'on avait passé le Rhin.

Enfin, après une marche longue et rapide, l'on s'arrêta; la portière s'ouvrit; deux hommes saisirent par les bras le bourreau, qui avait les yeux bandés. Un bruit de pertuisanes cu de crosses de mousquets se fit entendre.

— Laissez-vous conduire, dit une voix inconnue au bourreau, qui hésitait.

— Souviens-toi de ta promesse, ajouta son compagnon de voyage, nous tiendrons toutes les nôtres.

On le mena par des sentiers tortueux et en pente; on l'introduisit dans une salle très vaste; là, on lui ôta son bandeau. Cette salle était tendue de noir du haut en bas; quelques torches l'éclairaient à peine. Des hommes en costumes de magistrats étaient assis à l'entour, sur des espèces de chaises; ils n'avaient point de masques, mais la lumière était si faible qu'il était impossible, à la distance où ils se trouvaient, de distinguer leurs traits.

Le bourreau était à peine entré qu'une femme voilée fut amenée de l'autre côté. Elle était grande, élancée, et certainement jeune. Une longue robe de velours violet, faite comme celle des religieuses, la couvrait tout entière. Elle resta immobile au milieu du cercle, les bras cachés dans les manches, la tête haute pourtant. Celui qui semblait présider l'assemblé se leva.

— Nous t'avons envoyé chercher, dit-il en allemand, que le bourreau, comme tous les Alsaciens, comprenait, malgré la différence du dialecte, nous t'avons envoyé chercher pour exécuter une sentence rendue contre cette femme, afin que cette punition fût ignorée de tous, comme le crime qui l'a provoquée. Tu vas remplir tes fonctions, tu vas décapiter cette créature que les lois humaines ne pouvaient atteindre, et qui est cependant coupable d'un crime irrémissible.

Le bourreau, tout bourreau qu'il fût, était un

honnête homme; il tuait pour le compte de messieurs de Colmar, avec un arrêt signé d'eux, enregistré, parafé, revu par les gens du roi, avec le grand sceau de la ville et les sceaux fleurdelisés. Ici c'était tout autre chose; il s'agissait à ses yeux d'un assassinat, car il ne pouvait reconnaître l'autorité de ces étrangers dont le visage même restait pour lui une énigme; il réunit donc tout le courage de sa conscience et répondit d'un ton assez ferme :

— Je ne ferai point cela.

Un cliquetis d'épées se fit entendre autour de lui et lui donna à penser que les robes des juges n'étaient pas aussi pacifiques qu'elles en avaient l'air. Il jeta les yeux sur la condamnée, du reste immobile comme si ce débat eût été pour elle dénué de tout intérêt.

— Tu as promis d'obéir, répéta la voix de celui qui l'avait enlevé, et tu t'es soumis à notre vengeance, si tu reprenais la parole donnée.

— J'ai cru qu'il s'agissait d'un jugement secret, mais régulier. Je ne suis point un assassin. Messieurs, qui que vous soyez, je n'accepte pas votre mandat; je ne toucherai pas à un cheveu de cette femme. D'ailleurs, qu'a-t-elle fait?

Le président sembla consulter ses collègues du regard, puis il se leva vivement, et s'écria d'une voix tonnante :

— Tu demandes ce qu'a fait cette femme? Je

puis te le dire, et alors tes cheveux se dresse-
ront d'horreur sur ta tête, alors tu n'hésiteras
plus à devenir l'instrument de notre justice;
alors...

— Assez! interrompit la femme en étendant
vers lui son bras; assez! vous pouvez me faire
mourir, mais vous ne pouvez pas, vous ne devez
pas révéler à un homme de cette espèce ce que
vos oreilles ont entendu. Si je suis coupable, pu-
nissez-moi; je me soumets, c'est plus que vous
n'avez le droit d'attendre.

Le silence succéda à cette altercation, un silence solennel, glacial, interrompu seulement
par le balancier d'une grosse pendule invisible,
et qui tout-à-coup sonna des heures.

— Il n'y a pas un instant à perdre, recom-
mença le chef, obéis.

On lui présenta un glaive fort large et très
affilé.

— Non, répéta-t-il, non, faites vous-mêmes;
puisque vous condamnez sans titre, exécutez
vos sentences.

La victime ne fit pas un mouvement.

— Ecoute, dit son premier interlocuteur,
tiens-tu à la vie?

— Oui, pour ma femme et pour ma petite fille,
qui n'auraient plus un appui au monde si je leur
manquais.

— Eh bien! choisis : lorsque l'horloge son-

nera le quart, si cette femme n'a pas été décapi-
tée de ta main, tu mourras d'un coup de pistolet tiré par la mienne.

— Éh! que ne la tuez-vous, alors, si vous vous
résignez ainsi à devenir assassin?

Le juge frémit sous sa longue robe.

— C'est à toi de choisir, continua-t-il.

Le bourreau résista de tout son pouvoir. Il
commençait à avoir peur, tout brave qu'il fût,
et l'attitude de ses persécuteurs lui parut plus
effrayante qu'auparavant. Il se résolut pourtant
à faire bonne contenance tant qu'il pourrait. Le
balancier marchait toujours; chaque coup reten-
tissait dans le cœur du malheureux, placé entre
le crime et la mort. Un silence morne régnait
dans cette salle; tous étaient immobiles, surtout
celle qui fournissait le sujet de la tragédie. Le
bourreau se mit à prier en lui-même; il invoqua
la Vierge et les saints, car il était catholique. Le
résultat de la prière fut qu'il s'écria :

— Tuez-moi si vous voulez, je n'obéirai point.

— Tu as encore dix minutes pour te décider,
répliqua froidement le juge.

Le même silence régna, toujours interrompu
par ce balancier inflexible, mesurant la vie de
chacun, des heureux comme des misérables.
C'était une horrible scène que celle-là. La femme ne faisait pas un mouvement. Lorsque le
quart sonna, ce coup de cloche de l'éternité pour

elle, elle ne releva même pas la tête; elle était ou bien innocente ou bien endurcie. Sur un signe du principal personnage, deux subalternes s'avancèrent vers l'exécuteur, et lui présentèrent le glaive. Il secoua la tête et le repoussa de la main, sans avoir la force de parler. Le président prépara son pistolet, il le vit et devint plus pâle encore.

– Mon Dieu! pensa-t-il, voulez-vous que je laisse ici-bas une veuve et une orpheline?

Soit que cette idée le rattachât à la vie, soit que ses forces de résistance fussent épuisées en face de l'arme braquée sur lui, il céda.

— Je consens! je consens!

Ces mots, dits d'une voix basse et étranglée, s'entendirent pourtant dans la salle. Il prit le glaive et le toucha de son pouce pour s'assurer qu'il était bien affilé; il fit ensuite deux pas en avant. La condamnée restait debout et ne s'agenouilla pas.

— Ne lui donne-t-on pas un prêtre? dit-il tout-à-coup en s'arrêtant.

— Remplis ton office, lui fut-il répondu, et ne t'inquiète pas du reste.

— Je ne puis exercer ainsi, il faut que cette dame soit liée.

— Liée! moi! s'écria-t-elle avec une indicible fierté.

— Attachez les mains de cette femme, dit la voix impassible du justicier.

Deux hommes s'avancèrent; elle se redressa de toute sa hauteur.

— Osez-vous bien !

Ces mots arrêtèrent les deux domestiques, ou du moins ceux qui en remplissaient les fonctions.

— Obéissez-moi, reprit le président.

En quelques secondes la femme fut attachée à un billot qu'on venait d'apporter, son voile relevé à l'endroit du cou; elle cessa de résister dès qu'elle se vit comprimée; elle redevint immobile.

Frappe! ou... répéta le juge, dirigeant de nouveau son pistolet.

Une sorte de vertige s'empara du bourreau; soit l'amour de la vie, soit la crainte, soit peut-être cet enivrement qui, dit-on, domine les hommes dans certaines circonstances, il leva son sabre et frappa un coup dont la violence sépara la tête du corps, sans qu'il y eût besoin d'y revenir à deux fois. Il laissa tomber son arme, et lui, cet homme de fer, accoutumé au sang, servant depuis vingt ans de ministre à la justice humaine, il tomba de toute sa hauteur, évanoui près de la victime qu'il avait sacrifiée. Quand il revint à lui, il était de nouveau enfermé dans le carrosse, le bandeau sur les yeux, enveloppé d'un manteau qui cachait ses habits maculés; dès qu'il reprit ses sens :

— Voilà ton salaire, lui dit dit celui qui l'avait amené, on l'a doublé, parce que tu es un honnête homme.

Le retour se passa de la même manière. Parti de chez lui le soir, il s'y retrouva le soir. Seulement on le laissa sur le bord de l'Ill, dans une prairie proche de sa demeure. Durant le double trajet, il fut bien traité; les coffres de la voiture renfermaient de bons vins et d'excellentes provisions.

Pour expliquer son absence à sa femme et aux magistrats, il dut raconter son aventure (1).

Ce récit me remplit d'effroi. Il ne fut suivi d'aucune réflexion. Une autre chose me préoccupait plus fort que jamais : c'était le but de ma course en ce lieu.

— Eh bien! Auber, tel était le nom du mendiant, c'est dans cette même caverne que je verrai mes compatriotes? pensez-vous qu'ils se fassent longtemps attendre?

— Ils vont paraître, répondit le mendiant.

Trois hommes arrivèrent presque aussitôt. L'un d'eux était Badois, et les deux autres Français. Le Badois me parla le premier.

— Monsieur Robert Milner, vous êtes sans doute étonné que l'on vous appelle ici, à cette

____

(1) Ce récit est extrait, sauf quelques modifications, du *Voyage pittoresque sur les bords du Rhin*, de M. Edmond Texier.

heure. Nous sommes surveillés, et cette précaution est nécessaire. Ne me demandez pas comment je vous connais, ni par quels moyens je
peux vous procurer cette entrevue; les détails
de cette affaire nous mèneraient trop loin, et le
temps est précieux. Voici deux Français, dont
l'un est Alsacien.

A ces mots, l'Alsacien vint vers moi et me dit :

— Monsieur Robert, je suis l'ami de votre famille. J'habite le village de N... Peut-être ne me
reconnaissez-vous pas : il y a quelques années
que vous avez quitté le pays. Les relations, dans
les temps qui précédèrent votre départ, devenaient très difficiles, sans compter qu'il me fallut marcher sous les drapeaux. Quant à vous, il
s'est opéré peu de changements dans vos traits;
aussi me sont-il revenus d'abord à l'esprit. Il est
bien des personnes dont vous tenez à savoir des
nouvelles, on vous en parlera plus au long; pour
le moment, je me borne à vous assurer que tout
va bien.

— Et ma sœur? lui demandai-je.

— Prenez patience, interrompit-il, vous serez
satisfait de tout point; cette affaire tient à une
autre dont monsieur le comte D... va vous entretenir.

En disant ces paroles il se retira en signe de
respect, pour céder la place au personnage qu'il
venait de nommer. Ce nom appartenait à une

illustre famille, bien connue en France; j'étais tout heureux de voir pour la première fois un de ses membres les plus distingués.

— Vos sentiments bien éprouvés, me dit-il, m'ont déterminé à m'adresser à vous, au sujet d'une grande affaire; il s'agit d'arracher la France à la nouvelle tyrannie qu'elle subit dans la personne du premier consul, qui menace d'usurper le trône de nos augustes rois, et de se faire proclamer empereur. L'Europe, que convoite son ambition démesurée, attend avec autant d'impatience que la France d'être délivrée de ce soldat orgueilleux. Une vaste conspiration est organisée en France et sur les bords du Rhin. Un prince vaillant et aimé est à la tête. Nous venons pour nous entendre avec lui. Avant de se voir, quelques renseignements nous sont nécessaires. Nous espérons les recevoir de vous; vous voyez souvent, nous a-t-on dit, le duc d'Enghien?

— J'ai parfois cet honneur, répondis-je; et je n'ai qu'à me féliciter de l'accueil aimable et gracieux que je trouve chez lui.

— Cela ne me surprend nullement, repartit le personnage. Le duc a l'œil pénétrant, et il a remarqué en vous les qualités propres à vous attirer son estime.

— Cette attention du duc, repris-je, naît de

l'intérêt que son noble cœur prend au malheur, et non de mon mérite personnel.

— Je suis très convaincu, continua le personnage, que vous êtes digne de l'estime qu'il vous témoigne, et que vous deviendrez un défenseur zélé de sa cause, qui est celle de tout bon Français.

— Ma vie est à lui et à la France, répliquai-je dans un mouvement, moins d'enthousiasme politique, que de reconnaissance et d'amour.

— Savez-vous, demanda le personnage, s'il a beaucoup de partisans dans ce pays?

— Je le crois, répondis-je, s'il faut en juger par les nombreuses visites qu'il reçoit. Je me suis toujours rencontré chez lui avec des personnages de divers pays qui se disent ses amis.

— Pourriez-vous les nommer? repartit l'interlocuteur.

— Cela me serait difficile; tout ce que j'ai remarqué, c'est qu'en général ce sont des Allemands et des émigrés.

— Assurément, ils vous ont mis au courant du plan qu'ils ont conçu? demanda le personnage.

— Je l'ignore encore, répondis-je, peut-être m'honoreront-ils plus tard de cette confidence.

— Je n'en doute pas, reprit le personnage; en attendant, sauriez-vous nous indiquer l'heure la plus convenable pour visiter le prince?

— On est reçu à toute heure, dis-je ; seulement on trouve presque toujours le duc chez lui, le matin et le soir.

— Pour cette fois, nous nous bornons à vous remercier des bons renseignements que vous nous donnez, et encore mieux de vos heureuses dispositions pour cette belle cause dont le succès vous rendra tout ce qui vous est si cher. Nous nous reverrons sans tarder. Tenez-vous prêt et soyez discret. Nous aurons le temps, je le vois, de voir le duc.

Il regarda sa montre, qui marquait une heure après minuit.

— Ah ! ce bon duc, ajouta l'Alsacien, que je puisse du moins me jeter à ses pieds et lui exprimer ma gratitude. A l'affaire de Rosenheim, à la tête d'une poignée de braves, il soutint pendant sept heures l'attaque de la division Lacombe. Il rencontra, après la bataille, un jeune hussard appelé par la loi dans l'armée républicaine, lequel, blessé, s'était réfugié dans un champ. Il le recueillit, le mit dans son propre lit, confia sa guérison à un chirurgien, et, quelques jours après, le fit conduire aux avant-postes français. Ce hussard, c'était moi. Jugez si je tiens à le voir, ce héros magnanime.

Les yeux de l'Alsacien se mouillèrent de larmes en achevant.

Comment ne pas croire à la sincérité d'hommes qui parlaient ainsi ? le mendiant lui-même, témoin de tout, n'était-il pas le bien-venu chez monsieur Frédéric Werther, chaud partisan du duc, qu'il visitait souvent. Qui sait si Frédéric Werther ne m'avait pas procuré adroitement la faveur de cet entretien avec mes compatriotes.

Ces hommes m'avaient à peine laissé, que le mendiant me dit :

— Partons vite, si nous voulons éviter quelque fâcheuse rencontre à notre retour.

Sans plus rien dire, il commença à marcher. Je le suivis comme la première fois. Nous traversions une forêt. Il me sembla que nous prenions une direction opposée au terme de notre voyage ; comme je lui en faisais la remarque, il me répondit :

— C'est par prudence. Nous retrouverons bientôt notre chemin.

Environ au bout d'une heure de marche rapide, je me sentis, soudain, saisi par les deux bras :

— Arrête, traître, cria une voix allemande, mais d'un allemand qui sentait l'alsacien.

— Eh quoi ! m'écriai-je à mon tour.

Je n'en pus dire davantage. On me ferma la bouche avec un mouchoir. On me garrotta fortement, et l'on me conduisit à quelque distance de là, dans une voiture fermée, qui m'emporta avec une grande vitesse.

6.

Il est à propos de vous parler ici de l'événement qui eut un si grand retentissement en France et dans toute l'Europe. Le moment viendra où vous verrez comment ce drame déplorable se rattache à mes tristes aventures et à la mystérieuse entrevue de la caverne.

X. — Un coup de main.

Par suite du traité de Lunéville, en 1801, le corps du prince de Condé fut une seconde fois licencié. Le prince se réfugia en Angleterre; le duc d'Enghien se rendit à Ettenheim, dans les Etats de Bade. Il choisit, dit-on, ce séjour pour obtenir la main de la princesse Charlotte de Rohan-Rochefort, nièce du fameux cardinal de Rohan, le héros de l'affaire du collier de la reine.

Les vœux du jeune Condé furent exaucés. Le mariage fut consacré et béni par le cardinal de Rohan lui-même.

De 1801 à 1804, le duc d'Enghien passa la plus grande partie de son temps à la chasse et en voyages. Il attendait que les événements lui permissent de combattre de nouveau les ennemis de sa famille. Tout semblait favoriser cette attente, et les dispositions des grands cabinets de l'Europe, et surtout les menées sourdes de l'Angleterre, qui poursuivait avec obstination sa lutte contre la France, et principalement contre l'homme extraordinaire que le 18 brumaire et ensuite la victoire de Marengo avaient porté au sommet de la grandeur et de la puissance.

A l'époque où nous nous trouvons, des complots s'étaient formés dans la capitale contre la vie du premier consul. Ces trames avaient, disait-on, des ramifications à l'étranger; les émigrés se rassemblaient de l'autre côté du Rhin; d'anciens généraux se concertaient à Offenbourg, chez la baronne de Reich, qu'on signalait comme l'âme de l'intrigue où l'on faisait entrer Dumouriez et des généraux anglais et autrichiens. Cette vaste conspiration, ajoutait-on, devait s'exécuter sous les ordres du duc d'Enghien. Son nom et sa bravoure rallieraient à lui tous les adversaires du nouveau gouvernement français.

Ce n'étaient là que des bruits vagues mêlés d'erreurs et de beaucoup d'exagérations. Ils ne laissèrent pas d'inquiéter le premier consul. Divers émissaires secrets furent envoyés sur les frontières où l'on signalait la trame. Leurs rapports, vrais ou faux, provoquèrent une résolution définitive. Bonaparte forma son plan et chargea deux hommes de l'exécuter immédiatement. Le général Caulaincourt, son aide-de-camp, à la tête de deux cents dragons, devait se porter sur Offenbourg, cerner la ville, et y arrêter les agents royalistes et anglais qu'il trouverait; de là il se

rendrait à la cour du souverain et lui communi-
-querait une lettre où Talleyrand expliquait et
motivait l'invasion du territoire badois. Cette
lettre devait être favorablement accueillie, grâce
aux soins d'un courtisan en grand crédit. Sur
ces entrefaites, le général Ordener, avec trois
cents dragons et une trentaine de gendarmes,
passerait le Rhin en bateau au bac de Rheinau,
un peu au-dessous d'Ettenheim, marcherait droit
à la maison du duc, et opérerait son retour sur
Strasbourg avec son prisonnier. Le duc, étranger à tous ces complots dont la malveillance, la
flatterie et l'ambition d'autrui seules pouvaient
le rendre complice, vivait dans la plus complète
sécurité. Des amis dévoués, prévoyant les dangers qui le menaçaient, l'avertirent en vain.

— Qu'ai-je à craindre, disait-il; la vie que je
mène ici peut-elle inspirer de l'ombrage à quelqu'un?

Cependant deux hommes avaient été vus ob-
servant la maison du prince; on les reconnaissait comme faisant partie de la gendarmerie de
Strasbourg. Le prince lui-même venait de recevoir l'avis qu'on le surveillait et qu'on méditait
un coup de main. Il n'en croyait rien; il promit,
pourtant, aux instances des siens, de s'éloigner
dans peu de jours; c'était à l'instant même qu'il
fallait partir. En effet, dans la nuit suivante,
15 mars, dès cinq heures du matin, le général

Ordener cernait Ettenheim et la maison du duc;
celui-ci était déjà habillé et prêt à partir pour la
chasse. Quand il apprit que les dragons et les
gendarmes entouraient son habitation :

— Eh bien! défendons-nous, s'écria-t-il.

— Monseigneur, dit alors un de ses braves
serviteurs, êtes-vous compromis?

— Non, répondit-il.

— Dans ce cas, toute résistance est inutile, et
j'aperçois beaucoup de baïonnettes. Un officier
entra presque en même temps, et le duc fut arrêté avec plusieurs de ses amis. On saisit et on
enleva tous les papiers trouvés dans son cabinet
et dans les cabinets des personnages qui formaient sa société.

Les prisonniers furent déposés provisoirement
dans un moulin. Le prince eut un moment l'espoir de s'échapper; dans la pièce où il était, une
porte cachée donnait sur une planche à l'aide de
laquelle on traversait l'eau des roues.

— Ouvrez cette porte, lui dit-on rapidement
à l'oreille, franchissez, et poussez la planche
dans l'eau; le passage sera barré aux gendarmes.

Le prince suit cet avis. Il ne réussit pas; un
enfant, effrayé à la vue des soldats, avait fui par
cette porte en la fermant au verrou au-dehors;
on s'aperçut de la ruse. Deux sentinelles gardèrent l'issue. L'occasion était perdue.

On prit le chemin du Rhin; là encore le duc

avait conçu une idée d'évasion, mais les précautions étaient prises. En débarquant sur la rive gauche, on marcha environ une heure à pied, avant de rencontrer les voitures destinées à transporter les captifs à Strasbourg. Le duc fut placé dans la citadelle. On visita ses papiers et ceux des autres personnes arrêtées avec lui. De son côté, le général Caulaincourt revenait d'Offenbourg avec quelques officiers royalistes, mais sans la baronne de Reich, qui s'était sauvée en laissant seulement quelques anciens papiers, sur lesquels on mit la main. Comme on témoignait au duc la crainte que les papiers saisis ne fussent de nature à le compromettre dans la conspiration de Georges Cadoudal, tramée à Paris contre les jours de Bonaparte, il répondit avec assurance :

— Ces papiers ne renferment que ce que l'on sait déjà; ils attestent que je me suis battu, et que je suis prêt à me battre encore. Je ne regrette qu'une chose, ajouta-t-il en s'adressant au commandant Charlot, c'est de ne m'être point défendu à outrance quand on venait m'arrêter; du moins mon sort se fût décidé par les armes.

Avant de quitter Strasbourg il écrivit une lettre touchante à sa jeune épouse. Tous les papiers furent expédiés au ministre Talléyrand. La dépêche télégraphique annonçant au premier consul les arrestations du Rhin, arriva à Paris

le 15, c'est-à-dire le jour même qu'on l'adressait
de Strasbourg. Une réponse expédiée par un
courrier extraordinaire, portait ordre de diriger
en poste le prince sur Paris. Le 18 au matin, le
commandant Charlot alla réveiller le prisonnier.
Voici comment celui-ci raconte lui-même cet in-
cident dans son journal, remis, après sa mort, au
premier consul :

« Dimanche, 18, on vient m'enlever à une
heure et demie du matin ; on ne me laisse que le
temps de m'habiller ; j'embrasse mes malheureux compagnons, mes gens ; je pars seul avec
deux officiers de gendarmerie et deux gendarmes. Le colonel Charlot m'annonce que nous allons chez le général de division, qui a reçu des
ordres de Paris ; au lieu de cela, je trouve une
voiture avec six chevaux de poste sur la place
de l'Eglise. On me campe dedans ; le lieutenant
Petermann monte à côté de moi, le maréchal-
des-logis Bloters-Dorf sur le siége ; les deux gendarmes, l'un dedans, l'autre dehors. »

Il apprit en route qu'on le conduisait à Paris.
Il devait voyager sous le nom de Plessis.

Le 20 mars 1804, à trois heures de l'après-
midi, la chaise de poste arrivait à la barrière de
la Vilette ; là, tournant le mur d'enceinte par les
boulevards extérieurs, elle pénétra dans la rue
de Sèvres et s'arrêta dans la cour d'un hôtel,
rue du Bac ; c'était l'hôtel du ministre des af-

faires étrangères, La portière fut ouverte, le prince se disposait à descendre, un inconnu sortit précipitamment de l'hôtel, fit signe qu'il n'était pas temps encore. Quelques moments après, une voiture s'approchait du perron et emportait rapidement une personne qui l'attendait. Au bout d'une demi-heure, le postillon, toujours en selle, recevait l'ordre de se diriger sur Vincennes; à cinq heures et demie le duc y était reçu par Harel, commandant de cette prison d'Etat. Le directeur général de la police, Réal, avait déjà écrit à ce dernier :

« Un individu, dont le nom ne doit pas être connu, arrive dans le château dont le commandement vous est confié; vous le placerez dans l'endroit vacant, en prenant des précautions pour sa sûreté. L'intention du gouvernement est que tout ce qui lui est relatif soit tenu secret, et qu'il ne lui soit fait aucune question, ni sur ce qu'il est, ni sur les motifs de sa détention; vous-même devez ignorer qui il est. Vous seul devez communiquer avec lui, et vous ne devez le laisser voir à qui que ce soit jusqu'à nouvel ordre de ma part. Le premier consul compte, citoyen commandant, sur votre discrétion et sur votre exactitude à remplir ces différentes dispositions.»

Le duc entrait à peine au château de Vincennes que Savary, confident intime, et ministre des mesures rigoureuses, fut mandé auprès du

premier consul ; à la suite d'une entrevue particulière, Bonaparte lui remit un ordre signé de sa
main. La garde du château était placée sous le
commandement supérieur de ce général, et la
commission militaire chargée du procès du duc
devait se réunir sur-le-champ et tout terminer
dans la nuit prochaine, du 20 au 21 mars.

Si l'on ignorait dans Paris ces événements, il
n'en était pas de même autour du premier consul. Là, de hauts personnages connaissant l'arrestation du prince, et soupçonnant les intentions
de Bonaparte, intercédèrent en faveur du captif.
Joséphine, Murat, Joseph entr'autres, élevèrent
la voix, mais en vain ; le conseil en avait décidé
autrement, et le sort en était jeté.

Le malheureux prince était exténué de faim,
de fatigue et de froid ; depuis cinq jours environ,
on lui avait à peine laissé prendre quelques
heures de repos. Il se mettait à table et commençait à manger lorsque les roulements du
tambour lui annoncèrent l'arrivée de ses juges.
Il dit à Harel :

— Monsieur, j'ai une grâce à vous demander,
j'espère que vous n'y trouverez pas d'indiscré-
tion : j'ai avec moi un compagnon de voyage, ce
petit chien que vous voyez là. C'est le seul ami
qu'on m'ait laissé ; le pauvre animal a fait avec
moi toute la route ; il est à jeun depuis Strasbourg.
Permettez qu'il partage mon repas.

Cette grâce fut accordée. Le prince voulut ensuite se jeter sur un lit. Il n'y resta pas longtemps, et l'on vint le sommer de comparaître devant le conseil de guerre.

Dans le premier interrogatoire qu'il eut à subir, il répondit :

— Je m'appelle Louis-Antoine-Henri de Bourbon, duc d'Enghien, né à Chantilly, et âgé de près de trente-deux ans ; j'ai quitté la France au mois de juillet 1789 ; je suis parti avec mon père, mon grand'père, le comte d'Artois et ses enfants. J'ai passé par Mons et Bruxelles ; je suis ensuite allé avec mes parents, que je suivais toujours, à Turin, où j'ai fait un séjour de 16 mois. De là, je suis venu à Worms et sur les bords du Rhin. Le corps de Condé s'est formé ensuite, et j'ai fait toute la guerre.

— Et depuis la paix de Lunéville, reprit le capitaine rapporteur, qu'avez-vous fait?

— Après maints voyages en Allemagne, je suis venu me fixer à Ettenheim, avec l'autorisation de l'électeur de Bade.

— N'êtes-vous pas allé en Angleterre?

— Jamais. Je dois dire que cette puissance m'alloue une pension, ma seule ressource pour vivre.

— N'avez-vous pas entretenu des correspondances avec le cabinet de Londres?

— J'ai été en relation avec mon père et mon grand-père, cela est bien naturel.

— N'avez-vous jamais vu Pichegru et Dumouriez ?

— Je ne crois connaître ni Pichegru ni Dumouriez. Jamais, d'ailleurs, je ne fusse entré dans les complots qu'on leur impute; ce n'est pas par des moyens si bas que j'entendais défendre ma cause.

— Vous rendiez des visites à la baronne de Reich, à Offenbourg. C'est là pourtant que se tramait le plus odieux des attentats; les ennemis du premier consul et de la France s'y donnaient rendez-vous. Leurs plans nous sont révélés par les papiers tombés entre nos mains. Les noms vous sont connus pour la plupart.

— Toutes les visites que j'ai pu faire aux environs d'Ettenheim ont été publiques. Jamais, dans aucune d'elles, il n'a été question d'assassinat; encore une fois, je repousse cette imputation indigne et sans fondement.

A la suite de cet interrogatoire, le duc demanda une audience du premier consul. Il croyait qu'une explication telle qu'il la trouvait dans le témoignage de sa conscience, suffirait pour lever tous les doutes et obtenir sa délivrance.

Cette prière ne fut pas exécutée, les officieux eussent cru manquer à leurs devoirs; ils s'ima-

ginaient avoir lu dans les traits du maître de
l'Olympe qu'il ne fallait tenter aucune démar-
che. C'est bien là le rôle ordinaire des complai-
sants et des amis de leurs places; et, cependant,
des hommes dignes de foi prétendent que si la
demande du jeune Condé fût parvenue à Bonaparte, l'entrevue qu'il sollicitait aurait sauvé ses
jours.

A deux heures du matin, le duc comparut devant la commission militaire assemblée. La
séance se tenait sous les voûtes de Vincennes,
dans une vaste salle, à peine éclairée par quelques chandelles placées dans des lanternes de
fer ou d'étain. Le prince était assis dans un fauteuil de cuir, en face de ses juges réunis autour
d'une table ronde. Savary assistait à cette
séance. Quelques gendarmes et soldats formaient
tout l'auditoire. Le conseil de guerre se composait du général Hulin, président; du colonel
Guitton, du colonel Bazancourt, du colonel
Faisier, du colonel Rabbe, du colonel Barrois,
du major d'Autancourt, capitaine rapporteur.
Les questions adressées au prince furent celles-ci:

— Avez-vous porté les armes contre la République française? Avez-vous offert vos services
au gouvernement anglais, ennemi du peuple
français? Avez-vous reçu et accrédité, auprès de
vous, des agents du dit gouvernement anglais,
leur procurant les moyens de pratiquer des intel-

ligences en France et conspirant avec eux contre la sûreté intérieure et extérieure de l'Etat? Ne vous êtes-vous pas mis à la tête d'un rassemblement d'émigrés français et autres soldés par l'Angleterre? N'avez-vous pas pratiqué des intelligences dans la place de Strasbourg, tendant à faire soulever les départements circonvoisins pour y opérer une diversion favorable à l'Angleterre? N'êtes-vous pas l'un des fauteurs et complices de la conspiration tramée par les Anglais contre la vie du premier consul?

Aux premières questions, le duc répondit :

— J'ai pris les armes pour le roi, pour le trône, pour recouvrer le légitime héritage de mes aïeux.

Concernant la trame ourdie contre la vie de Bonaparte, il ajouta :

— En face d'une telle accusation, je ne puis qu'invoquer la gloire de mes ancêtres et de mon nom.

— Votre nom et vos ancêtres ne sont pas une garantie suffisante; ces titres nous importent peu d'ailleurs; si vous n'avez pas d'autres réponses, prenez-y garde, cela pourrait tourner mal. Précisément c'est à cause même de votre naissance et des prétentions que vous y attachez, que vous n'avez pu rester indifférent à des événements qui devaient vous être si profitables.

— Monsieur, répliqua le prince, si l'on invoque ici sa naissance et ses ancêtres, c'est qu'on suppose s'adresser à des cœurs susceptibles du sentiment de l'honneur, et capables de l'apprécier chez les autres. Non, Monsieur, je n'ai point trempé dans l'odieuse trame que vous signalez; je repousse cette complicité avec toute l'indignation dont une âme honnête peut être capable.

L'interrogatoire se prolongea encore quelques temps. Le noble duc avoua de nouveau la part qu'il avait prise aux guerres soutenues contre la France. Enfin le général Hulin annonça que les débats étaient clos.

Le prince fut reconduit dans sa chambre; au bout d'une demi-heure, le gouverneur Harel, une torche à la main, se présenta à lui; il l'invita à le suivre, et le conduisit par des sentiers tortueux. Arrivé à la tour du Diable, seule issue sur les fossés du château, et voyant l'escalier élevé et sombre où il allait s'engager :

— Où me menez-vous? s'écria le duc. Si je dois être enseveli vivant dans un cachot, j'aime mieux mourir sur-le-champ.

— Veuillez me suivre, reprit Harel, et rappelez tout votre courage.

On entra dans le fossé, la nuit était obscure; il tombait une pluie fine et froide. On marcha en silence le long du mur jusqu'au pied du pavillon de la Reine. Au tournant, le prince se trouva en face du piquet chargé de l'exécuter. A l'unani-

mité, la commission avait prononcé la peine de
mort. Le prince l'ignorait. C'est là seulement
qu'il entendit lire pour la première fois la sentence fatale. Alors il demanda une paire de ci-
seaux; il coupa une boucle de ses cheveux, l'en-
veloppa dans du papier avec un anneau d'or et
une lettre, et remit le tout à un officier à l'adresse
de la princesse Charlotte. Cet officier confia le
dépôt au général Hulin, qui le transmit au directeur général de la police. Après le dernier élan
de son cœur généreux, l'illustre victime exprima
le désir qu'on lui accordât un ecclésiastique pour
lui administrer les secours de la religion. Cette
faveur lui fut refusée. On dit même que ce refus
provoqua, de la part de l'un des assistants, ces
mots inqualifiables :

— Voulez-vous donc mourir en capucin?

Quoi qu'il en soit, le prince, alors levant les
yeux au ciel, s'écria :

— Combien il est triste de mourir ainsi de la
main des Français...

Le commandant ne lui permit pas d'en dire
davantage; il donna précipitamment le signal.
Aussitôt huit gendarmes firent feu sans savoir
sur qui, et le prince tomba mort. Il était trois
heures du matin. Son cadavre fut enfoui tout habillé, avec ses bijoux, ses bagues, une chaîne
d'or au cou, sa bourse, et jusqu'à un rouleau d'or
qu'il apportait de Strasbourg. Ces divers objets

furent trouvés lorsqu'on exhuma ses restes pour
leur donner la royale sépulture. Dans la matinée
suivante, une voiture s'arrêta devant un restau-
rant de Vincennes; une dame voilée en descen-
dit avec un autre personnage. Celui-ci s'informa
avec anxiété si un prisonnier n'était pas arrivé,
la veille, au château, et si les bruits qui cou-
raient sur son exécution étaient véritables. Sur
la réponse doublement affirmative, ces inconnus
furent frappés de consternation. Ils se firent
montrer de loin le pavillon habité par le prince,
la tour où il venait d'être jugé, la fosse où il gi-
sait; puis ils remontèrent en voiture et disparu-
rent.

Quand on apprit toute la suite de ce drame
lugubre, à Paris, la consternation y fut générale.
Quiconque a eu, comme moi, le bonheur de voir
de près le duc d'Enghien, ne peut s'empêcher
de proclamer son innocence, ni de déplorer l'a-
veugle prévention qui fit décréter sa mort. Que
ne me fut-il accordé de donner ma vie pour lui!
J'aurais conservé un sang précieux pour la
France, et mis fin à la pénible destinée dont je
dois maintenant vous continuer le récit.

XI. — Un nouvel exil.

Je ne saurais dire quelle contrée je traversai,
ni combien de temps dura le trajet, tant furent

sévères les mesures prises pour me cacher à tous les regards, je dirais presque à tous les objets de nature à fixer mon attention et à m'indiquer où j'étais. Sauf ces précautions, on me traita d'ailleurs avec certains égards. Quand je sortis de ma prison mobile, je me trouvai en pleine mer. Je m'aperçus bientôt que j'avais des compagnons d'infortune, et que nous étions dans un vaisseau de guerre. Je compris alors que l'Océan, et non plus le Rhin, allait me séparer, sans doute pour jamais, de la France. Que cette pensée fut cruelle et accablante! Mes yeux se portèrent vers l'horizon où je supposais ma patrie; ils s'y attachèrent avec toute l'amertume de la douleur et du désespoir. Adieu, chers objets de mes plus tendres affections, disais-je intérieurement. Vous ignorez, je n'en doute pas, ma triste destinée, et j'ignore la vôtre. Que devenez-vous? Je soupire après un mot, un signe, et je n'obtiens aucune réponse qui puisse me rassurer ou du moins m'éclairer.

Et mes hôtes si généreux, si confiants, que penseront-ils de moi? Je pars sans leur déclarer mon dessein; je suis attiré dans un guet-apens; on m'arrache des aveux, des renseignements, et puis on m'enlève comme un traître!... Mes ennemis secrets, toujours acharnés à ma perte, ne manqueront pas de dénaturer ma conduite, et de me rendre odieux là même où je ne suis qu'à plaindre. Je passerai pour un fourbe, un lâche conspirateur. Ainsi trompés, mes hôtes me traiteront d'infâme hypocrite, d'ingrat, de scélérat; ils me maudiront, tandis que dans les sentiments impérissables de mon amour et de ma reconnaissance j'appellerai sur eux toutes les bénédictions du ciel, en récompense de l'hospitalité si généreuse que j'en ai reçue. Et si le digne monsieur Hermann était compromis pour s'être chargé de moi!... Mon Dieu! mon Dieu! donnez-moi la force de porter ma croix en me résignant à de si dures épreuves.

Un des officiers du vaisseau me surprit dans ces accablantes réflexions.

— Vous me semblez bien triste, me dit-il; c'est donc la première fois que vous voyez la mer? nous y sommes tous les jours, nous, et nous allons toucher à tous les rivages, sans nous croire perdus pour cela.

— Oh! Monsieur, lui répondis-je, il vous reste l'espoir de revoir votre patrie.

— Et pensez-vous, reprit-il, que vous n'aurez plus ce bonheur?

— Dois-je y songer, repartis-je, après tout ce qui m'arrive.

— Ecoutez, mon ami, continua-t-il, le premier consul est aussi magnanime que vaillant, il oublie et pardonne quand on sait le mériter.

Cet officier était Alsacien, je le compris à son

accent, il me l'avoua lui-même, et poursuivit :

— Ecoutez, mon cher compatriote, je m'intéresse à vous. Je vous en dirai les raisons dans
une autre circonstance. Qu'il vous suffise de savoir que je vous connais. Les personnes à qui
vous portez tant d'intérêt sont heureuses; je
vous le dis de leur part.

— Elles ignorent donc, répliquai-je, ce qui se
passe à mon égard?

— Elles savent, reprit l'officier, qu'elles vous
reverront bientôt.

— Dans l'exil, sans doute? interrompis-je.

— Au foyer paternel, repartit l'officier; con-
tentez-vous de cette perspective si douce pour le
moment.

Cela voulait dire : Ne m'en demandez pas davantage. Je ne lui adressai plus qu'une question au
sujet de monsieur Hermann; il me donna l'assurance que ce digne personnage ne serait in-
quiété en rien. On le reconnaissait étranger à
mon affaire. Quant à cette aventure, ajouta-t-li,
on vous accuse de tremper dans la conspiration
du duc d'Enghien. Des espions vous ont surpris
dans la caverne; ils ont entendu vos discours avec
certains personnages plus que suspects. Il est inutile de chercher ici à vous défendre. Votre conduite seule va désormais plaider votre cause et
la gagner. Je connais un riche négociant établi

dans le nord de l'Amérique, où nous nous diri-
geons. C'est un compatriote; il est absent du
pays depuis très longtemps. Si vous y consen-
tez, je vous placerai chez lui, en qualité de secrétaire intime. S'il est satisfait de vous, comme
c'est indubitable, tout sera arrangé.

J'acceptai cette offre.

Aucun temps mauvais n'ayant contrarié notre
traversée, nous arrivâmes à notre destination.
J'ignore ce que devinrent mes compagnons d'exil.
Quant à moi, j'entrai en qualité de secrétaire
chez monsieur Gessner, le négociant que m'a-
vait proposé l'officier alsacien. L'air bon et affable de ce nouveau patron, ses procédés simples
et généreux, me portèrent à croire que je n'étais
pas dupe des discours et des promesses de mon
compatriote, et même que ce dernier avait fourni
sur mon compte des renseignements empreints
de bienveillance.

En peu de temps je devins le confident du
maître de la maison. Il me consultait dans les
affaires difficiles; il me communiquait ses craintes, ses espérances, et il n'agissait guère con-
trairement à mon avis. Je retrouvai en lui les
soins et les attentions de la famille Hermann. Il
avait perdu depuis deux ans une épouse pleine
de charmes et de vertus, qui mourut sans enfants.
Résolu de rester désormais célibataire, il avait
attiré auprès de lui un neveu, fils de son frère,

destiné à être son successeur dans le négoce et son principal héritier. Ce jeune homme, mon compatriote, et de mon âge, vécut avec moi en assez bonne intelligence, quoiqu'il fût toujours loin de me témoigner la franchise de son oncle. J'attribuai cette réserve à la nature de son caractère concentré, plutôt qu'à tout autre sentiment; dans quelle illusion j'étais!...

Thomas Gessner aimait passionnément une jeune créole sans fortune et sans autre distinction que celle d'un bel extérieur. L'oncle de Thomas combattait cette inclination et menaçait de le déshériter et de le chasser de sa maison s'il persistait à rechercher la main de cette personne. Thomas dissimula longtemps son mécontentement et son dépit. Il attendit l'heure propice; quand il la crut arrivée, il en profita. Un matin, monsieur Gessner fut trouvé mort, étranglé dans son lit. Ma douleur et ma surprise extrêmes m'empêchèrent de sonder les impressions des autres. Deux Indiens s'employaient depuis plusieurs années au service du patron. L'un d'eux, Lennape d'origine, me témoigna, dès mon apparition dans cette famille, une grande affection. Le second, d'une autre contrée de l'Amérique, paraissait exclusivement dévoué à Thomas Gessner. J'étais encore absorbé tout entier dans mon chagrin indicible, lorsque le Lennape m'aborda subitement et me dit:

— Sauvez-vous sur-le-champ, c'est le seul moment favorable; si vous ne m'écoutez pas, vous êtes perdu. Ne m'interrogez pas, suivez-moi; je vous raconterai tout.

A l'instant même il m'entraîna en quelque sorte. Quand il nous crut en sûreté, il ajouta :

— Ce scélérat de Thomas vous accuse d'être l'auteur de la mort de son oncle. Mon camarade servira de témoin contre vous. Je les ai entendus se concerter pour vous perdre ; ce sont eux qui l'ont étranglé, j'en suis sûr.

— Vous l'avez vu? lui demandai-je.

— Non, répondit-il, mais ils sont seuls capables d'un crime pareil. Monsieur Gessner leur pesait; depuis longtemps je m'en apercevais. Ils avaient des vues que le digne homme n'approuvait pas; ils ont trouvé l'occasion de s'en défaire, et ils n'ont pas reculé. Oh! si j'avais pu deviner!...

— Sans doute, repris-je, vous auriez empêché ce crime?

— Oui, continua l'Indien, quand il aurait dû m'en coûter la vie; aussi ils ne m'ont pas consulté. Un homme si bon! si généreux! oh! les scélérats. La Providence saura venger le sang innocent.

Des larmes abondantes roulèrent dans les yeux de l'Indien pendant qu'il parlait ainsi. Cela me confirma de plus en plus dans l'idée que cet homme était sincère et honnête.

— Quelle est cette occasion dont ils ont su tirer parti? demandai-je. Il me dit :

— Pourquoi vous le cacher plus longtemps?

En dernier lieu, Thomas faisait à ses amis intimes des confidences fâcheuses sur votre compte; il m'en est revenu quelque chose aux oreilles, sans qu'on s'en doutât. Comme je n'en croyais rien, et que je ne prévoyais pas le but qu'on se proposait, je ne vous en parlais pas.

— Que leur révélait-il?

— Il vous dépeignait sous les couleurs d'un conspirateur échappé à l'échafaud en France, et réfugié dans une maison où l'on vous gardait par pitié, dans l'espoir d'un amendement que lui seul n'attendait pas.

— Je comprends, interrompis-je; après avoir montré en moi l'âme d'un scélérat, il a commis le crime, espérant m'en faire passer pour l'auteur.

— Il réussira, reprit l'Indien; il s'est fait, dans ces lieux, de nombreux partisans. Il est rusé, intrigant. A cette heure vous êtes dénoncé, et déjà la justice prévenue contre vous n'hésitera pas à vous frapper sur la déposition de mon camarade.

— Que faire donc, m'écriai-je, sans ressources aucune, comme vous me voyez?

— S'il est des devoirs pour l'amitié, est-ce en

pareil moment qu'on les oublie? répliqua-t-il avec émotion. Je cours me pourvoir du nécessaire, et je vous rejoins; attendez-moi ici.

Pendant son absence, je repassais dans mon esprit toutes les circonstances de cet événement funeste; les soupçons les plus tristes occupaient ma pensée. Je voyais cette puissance occulte toujours à ma poursuite. Tout était trahison autour de moi. J'accusais cet officier alsacien de perfidie. Cet Indien, ajoutai-je, qui se montre si dévoué, et qui m'inspire de la confiance, ne va-t-il pas aussi me mener dans quelque embûche? Qui sait s'il ne se conforme pas à quelque autre plan formé à son avantage personnel. Comme je m'entretenais dans ces pénibles réflexions, l'Indien revint.

— Fuyons, fuyons, me dit-il d'un ton ému; on nous poursuit tous deux. On a besoin de se débarrasser de moi, et l'on me fait votre complice, uniquement parce que je n'aurais jamais voulu devenir le leur, et que d'ailleurs je vous suis dévoué. Dieu merci, j'ai assez de provisions pour atteindre les montagnes. Là, nous trouverons l'hospitalité et nous serons à l'abri des poursuites de nos ennemis.

Je repris confiance et je m'abandonnai à la conduite de la Providence et de l'Indien. Après une journée de marche par des sentiers difficiles et détournés, nous pénétrâmes dans une vaste forêt. Nous nous assîmes après y avoir fait quelques pas. Nous étions au mois de février; le temps était calme et serein, le profond silence de la vaste solitude régnait autour de nous. L'Indien tira d'une espèce de gibecière des vivres qui nous restaurèrent.

— Mangez, mangez, me dit-il, nous ne périrons pas de faim. Nous sommes déjà en pays de connaissance, beaucoup d'hommes de ma tribu l'habitent. Je n'ai oublié ni leur langue ni leur coutume, quoique j'en vive séparé depuis vingt ans. Plus nous avancerons, plus nous trouverons des amis et des frères fiers de nous accueillir et de nous protéger contre nos ennemis. J'éviterai les tribus en guerre contre la mienne. Apprenez maintenant mes aventures, me dit l'Indien; vous me raconterez ensuite les vôtres, si vous me jugez digne de les connaître.

Adossés contre le tronc d'un gros arbre, nous avions pour siége un tapis de mousse.

XII. —Le récit d'un Lennape.

Je suis né dans les montagnes que la neige blanchit. Les lacs voisins sont presque toujours glacés. Mes pères avaient leur nourriture dans les airs, dans les cavernes et dans les eaux; il fallait l'adresse et le courage. Ils adoraient le

Grand-Esprit. Des étrangers à qui les richesses de leur pays ne suffisaient pas, guidés par l'instinct qui mène la bête féroce sur sa proie, atteignirent nos rivages et nous combattirent. Ils nous vainquirent parce qu'ils s'étaient armés de la foudre, et que leur nombre dépassait celui des oiseaux voyageurs. D'autres nations vinrent à la suite des premières, pour s'emparer des trésors qu'on leur vantait. Nos oppresseurs ne purent vivre en paix dans les contrées conquises. Une guerre sanglante éclata entre eux. Pendant ces tristes querelles, les hommes de mon sang se réfugiaient sur les montagnes et dans les bois; ils vengeaient leurs défaites en attaquant leurs adversaires séparément et à l'improviste, dans les lieux où ceux-ci s'égaraient parfois.

Il ne fallait point se soumettre sans combat à ces visages pâles venus du côté où le firmament se pare, le matin, de riches couleurs, pour assujétir les hommes rouges. Lorsque mes membres furent assez robustes, je m'armai d'un arc et de flèches, je passai un couteau dans ma ceinture, je rasai ma tête, et ne laissai au sommet que la touffe surmontée de la plume d'aigle flottante, dont aucune main victorieuse n'a jamais fait un trophée. Plus d'un blanc a payé cher sa convoitise. Mon courage et mon adresse me firent nommer chef d'entreprises à main armée. Mes compagnons m'ont toujours aimé et obéi. Un mot de moi allumait le feu des combats, un mot l'apaisait. Rarement en ma présence on se disputait les membres palpitants du faon. Cependant j'étais encore jeune, mais je portais le nom d'un fier guerrier, et l'on savait que la valeur et ce nom ne se quittaient pas.

Les préjugés de mon enfance, qui ont aiguisé dans mes mains plus d'un trait mortel, sans la circonstance que je vais vous dire me tiendraient, encore peut-être, avec ceux de ma tribu, errant dans les bois, et cherchant des aventures contre les hommes que nos traditions nous signalent comme des ennemis qu'on ne doit pas épargner. Une partie de chasse s'organise, chez nous, comme une expédition militaire. Les sages de la nation, c'est-à-dire les vieillards, se forment en conseil, et délibèrent; aussitôt qu'ils ont décidé que la chasse aura lieu, un guerrier va de porte en porte dans les villages, disant :

— Les chefs vont partir; que ceux qui veulent les suivre se peignent de noir et jeûnent, pour apprendre de l'Esprit des songes où les ours et les castors se tiennent cette année.

A cet avertissement, tous les guerriers se barbouillent de noir, le jeûne de huit nuits commence; il est si rigoureux qu'on ne doit pas même avaler une goutte d'eau, et il faut chanter incessamment afin d'avoir d'heureux songes.

Le jeûne accompli, les guerriers se baignent, on sert un grand festin. Chacun des convives fait le récit de ses songes; si le plus grand nombre des songes désigne un lieu, c'est là que se dirige la chasse.

On offre un sacrifice expiatoire aux mânes des ours tués dans les chasses précédentes, et on les conjure d'être favorables aux plans qu'on a formés. On chante ensuite les exploits du passé; enfin la troupe part, des canots la portent sur les fleuves. Lorsqu'on est parvenu au rendez-vous, les canots sont tirés à terre et environnés d'une palissade revêtue de gazon. L'on se divise en compagnies composées d'un même nombre d'individus. On procède ensuite au partage du pays de chasse. Chaque compagnie bâtit une hutte au centre du lot qui lui est échu.

Il y a chasse d'hiver et chasse d'été. Dans la première saison, on poursuit le castor et l'ours; dans la seconde on cherche le bison. Quand l'expédition est terminée, on revient aux canots; on les radoube avec de la graisse d'ours et de la résine de térébinthe; les pelleteries, les viandes fumées, les bagages, les instruments de chasse, sont embarqués, et l'on s'abandonne au cours des rivières.

En approchant des villages, un des chasseurs mis à terre court avertir la nation; les femmes, les enfants, les vieillards, les guerriers restés aux

cabanes, se rendent aux fleuves; ils saluent la
flotte par un cri auquel la flotte répond par un
autre cri. On débarque, on rentre chez la peuplade dans l'ordre observé au départ. On partage le butin et une fête est célébrée, à la suite de
laquelle un sachem congédie l'assemblée en disant :

— Guerriers, le Grand Lièvre a regardé nos
flèches; vous avez montré la sagesse du castor,
la prudence de l'ours, la force du bison, la vitesse de l'orignal; retirez-vous, et passez la lune
de feu à la pêche et aux jeux.

Pendant une des chasses d'été, un major anglais menant avec lui sa jeune fille, et accompagné de deux écuyers, arriva un soir dans la
hutte dont j'étais le chef. Il s'était égaré dans la
forêt, qu'il visitait en chasseur. Il demanda l'hospitalité; il savait combien les Indiens ont de
respect pour cette vertu; et puis, en ce moment,
ma tribu vivait en paix avec sa nation, par suite
de concessions que celle-ci avait su faire à propos; l'hospitalité lui fut accordée. Je fis attacher
ses chevaux dans un lieu sûr, et je l'engageai à
partager le repas de la cabane. Il accepta un gâ-
teau pour sa fille, et il mangea avec nous de la
viande sèche d'ours, et en fit manger à ses
écuyers. Le matin, à son départ, il m'offrit de
l'argent que je refusai; je lui donnai, toutefois,
un guide pour le conduire.

L'homme que j'avais choisi répondit mal à mes intentions. Il avait reconnu dans le major anglais un ancien chef qui lui avait fait subir la bastonnade en punition d'un vol. Quand il se vit près de son ennemi, la soif de la vengeance s'alluma dans son cœur, et il conçut un dessein horrible. Il se souvint qu'un chef d'une de nos compagnies avait reçu le même châtiment que lui. Il connaissait la haine implacable de cet homme; il lui amena celui dont ils avaient à se plaindre tous deux. Le major, qui ne soupçonnait rien, suivit son guide. Quand celui-ci fut arrivé non loin de la hutte où il se dirigeait, il pria les personnes confiées à ses soins d'attendre quelques moments. Il alla donner avis au chef des chasseurs et se concerter avec lui sur les moyens d'assouvir leur haine commune.

Le major fut ensuite invité à venir prendre quelque repos avec les siens. Ils entrèrent sans défiance dans l'asile qu'on leur offrait. En ce moment la chaleur se faisait vivement sentir, ainsi que le besoin de se restaurer.

Le chef attendit que tous ses compagnons de chasse furent rassemblés; aussitôt qu'il se vit environné de tous ses hommes, il fit placer à côté de lui le traître qui lui amenait sa victime; et, tout-à-coup, jetant sa peau de buffle et ordonnant à son ami d'en faire autant, il montra sur sa poitrine et ses épaules les cicatrices des baguettes anglaises.

— Les Lennapes sont-ils donc des chiens, s'écria-t-il en donnant à sa voix toute son étendue, pour supporter de pareilles choses? Qui ira dire à la femme de Menowgua que les poissons dévorent son corps et que sa nation n'en a pas tiré vengeance? qui osera se présenter devant la mère de Wassawaltimie, cette femme si fière, avec des mains qui ne sont pas teintes de sang? que répondrons-nous aux vieillards qui, en voyant nos cicatrices, nous demanderont combien nous rapportons de chevelures, quand nous n'en aurons pas une seule à leur faire voir pour couvrir notre honte? toutes les femmes nous montreront au doigt. Il y a une tache noire sur le nom des Lennapes, et il faut du sang pour l'effacer.

Sa voix alors se perdit au milieu des cris de rage qui s'élevèrent, comme si au lieu de quelques Indiens, toute la peuplade eût été rassemblée en cet endroit.

Pendant que le chef prononçait son discours, le major anglais se souvint de cet homme et du châtiment qu'il avait dû lui infliger. Il comprit, à ses gestes et à son air, qu'il demandait vengeance; et il vit clairement, sur les traits de ceux qui l'écoutaient, que l'on n'était que trop bien disposé à la lui accorder.

Il songea alors à se défendre ainsi que ses

deux écuyers; il se mit devant sa fille. Deux guerriers robustes se précipitèrent sur lui, pendant que d'autres se jetaient sur sa suite. La résistance fut vive, mais inutile. Le nombre triompha du courage. Il fallut se rendre. On lia le major avec des branches flexibles, et on l'attacha au tronc d'un sapin. L'infortuné cherchait des yeux sa jeune fille, qu'on venait de lui arracher. Il la vit enchaînée non loin de lui à un autre sapin; elle avait la tête penchée sur sa poitrine, et ses membres tremblants n'étaient soutenus que par les branches au moyen desquelles on l'avait garrottée.

Cependant la soif de vengeance des Lennapes ne se ralentissait pas, et ils se préparaient à l'assouvir avec tous les raffinements de cruauté que la haine peut inspirer. Les uns coupaient des branches pour en former des bûchers autour de leurs victimes; les autres taillaient des chevilles de bois pour les enfoncer dans la chair des captifs quand ils seraient exposés à l'action d'un feu lent.

Heureusement un des deux écuyers était parvenu à rompre les liens qui le retenaient, sans que les Indiens, occupés des préparatifs du supplice, eussent pu s'en apercevoir; il avait pris le chemin de ma hutte, pour me donner avis de ce qui se passait.

Au récit que j'entendis, mon indignation fut à

son comble. Chez nous, les lois de l'hospitalité
sont sacrées, et ces lois protègent tous ceux qui
ont été reçus sous nos toits à titre d'hôtes. Le
major anglais s'était rendu et avait été accueilli
dans ma hutte en cette qualité. Il voyageait sous
ma garde, et je lui devais appui jusqu'à sa destination.

Aussitôt j'appelai mes hommes. Je leur racon-
tai cette affaire; je leur parlai des Lennapes, ci-
tés entre tous les Indiens comme les plus hos-
pitaliers. Je leur fis comprendre que la conduite
de nos compatriotes, en cette circonstance, envers des hommes vivant en paix avec nous,
était une insulte à nos traditions, et qu'il fallait
sur-le-champ empêcher un crime dont la honte
serait ineffaçable.

Ces paroles obtinrent le succès que je désirais;
nous partîmes complètement armés. Nous arrivâmes à temps. Le chef avait retardé le supplice de ses victimes pour les outrager plus à
loisir. Il menaçait le major d'enlever sa fille et
de l'emmener captive dans sa tribu.

Toute la rage de la compagnie s'était, en
quelque sorte, concentrée sur cet officier. On
n'avait pas encore remarqué l'absence de l'é-
cuyer qui était venu vers nous.

Quelle ne fut pas la surprise de ces bourreaux
quand ils nous aperçurent! Ils se doutèrent aussitôt que nous accourions dans l'intention de

combattre leur résolution. Mais leur acharnement était tel, qu'ils s'apprêtèrent à lutter contre nous.

A l'instant je levai une main au ciel et je plaçai l'autre sur mon cœur, pour donner à entendre que je venais en ami. On nous laissa approcher.

— Eh quoi! dis-je, lorsque je vis que tous les regards se fixaient sur moi, des hommes d'une nation en paix avec nous me demandent l'hospitalité, je la leur accorde; ce n'est pas assez, ils se confient au guide que je choisis; et, pourtant, ils tombent dans une embuscade, au milieu de ma tribu!...

Est-ce ainsi qu'on respecte la foi jurée? Ah! je veux le croire, hommes si fidèles jusqu'ici aux devoirs de l'hospitalité, un guide indigne de ma confiance vous a trompés. S'il vous eût dit que ces étrangers voyageaient comme nos hôtes, il ne vous serait pas venu dans l'idée de les arrêter, encore moins de les maltraiter. Mais le Grand-Esprit, qui nous aime, veille sur notre honneur et il nous donne le moyen de conserver inctacte notre réputation de tribu hospitalière.

Mes auditeurs paraissaient favorablement impressionnés; le chef s'en aperçut; il vit que sa victime allait lui échapper; il prit alors la parole et dit :

— L'Esprit qui fit les hommes leur donna des

couleurs différentes. Les uns sont noirs comme les ours des forêts; il dit que ceux-là seraient esclaves; et il leur ordonna de travailler à jamais comme le castor. Vous pouvez les entendre gémir au-dessus du beuglement des buffles, lorsque le vent du midi vient le long des bords de la grande eau salée, où les grands canots qui vont et viennent en sont chargés. A d'autres il donna une peau blanche comme l'hermine, il leur commanda d'être marchands, chiens pour leurs femmes et loups pour leurs esclaves. Il voulut qu'à l'exemple des pigeons ils eussent des ailes infatigables, des petits plus nombreux que les feuilles des arbres, un appétit à dévorer la terre. Il leur donna la langue perfide du chat sauvage, le cœur des lapins, la malice du renard et des bras plus longs que les pattes de la souris. Avec sa langue, cette race bouche les oreilles des Indiens; son ambition paye des soldats pour se battre; son avarice accumule, pour ses seuls usages, tous les biens du monde; ses bras enlacent les grandes eaux, sa gloutonnerie le rend insatiable. Plus elle a, plus elle veut avoir. Tels sont les blancs. D'autres ont reçu des peaux brillantes et rouges comme le soleil. Ceux-ci sont les enfants de prédilection du Grand-Esprit; il leur donna ces contrées telles qu'il les fit, couvertes d'arbres et pleines de gibier. Le vent fit leurs clairières; le soleil et les pluies mûrirent leurs fruits; quel besoin avaient-ils de routes pour voyager? Ils semaient au travers des rochers; lorsque les castors travaillaient, ils restaient étendus à l'ombre et regardaient. Les vents les rafraîchissaient dans l'été; durant l'hiver, des peaux leur prêtaient leur chaleur. S'ils se battaient entre eux, c'était pour prouver qu'ils étaient hommes. Ils étaient braves, ils étaient justes, ils étaient heureux.

Ici l'orateur s'arrêta pour juger de l'effet de ses paroles; il vit les yeux fixés sur lui, les têtes droites, les narines ouvertes, comme si chaque individu présent se fût senti animé du désir de rétablir sa race dans tous ses droits.

Aussitôt il continua :

— Mais est-ce à moi, Lennape des bois, à révéler les traditions d'un peuple? Pourquoi retracer ses infortunes? Et pourquoi, surtout quand il ne s'agit que d'un affront personnel, étaler aux regards des miens, en découvrant mes membres meurtris et déchirés, les marques de la cruelle servitude que nos tyrans nous font subir?

A ces derniers mots, prononcés d'un ton lugubre, des hurlements font retentir les airs.

— Vengeance! vengeance! c'est le cri universel.

Je regardai le major, et plus loin sa jeune fille; leur affreuse situation se peignait dans leurs traits. Hélas! leur plus grande douleur était de ne pouvoir mourir l'un pour l'autre.

Ce spectacle, joint au souvenir de l'hospitalité violée, redoubla mon indignation et m'arma d'un nouveau courage.

— Les crimes sont punis partout où il y a une justice, m'écriai-je d'un ton fort et assuré. Les blancs ont des châtiments pour les blancs, quand il se trouve parmi eux des malfaiteurs. Ceci n'annonce ni l'esclavage des uns ni la tyrannie des autres; c'est tout simplement la justice qui suit son cours; et si quelque chose doit déshonorer notre tribu, c'est moins le despotisme de nos conquérants que nos infractions aux lois de l'honneur et de la probité. Il ne faut pas s'y tromper : les marques que vous voyez accusent la punition d'un vol, et l'homme audacieux qui vous les montre abuse de votre bonne foi en cherchant à exploiter vos sentiments en faveur de la plus honteuse des causes, pour se venger d'un châtiment qu'il a mérité; il veut vous porter à violer la plus sainte des lois parmi nous, et laisser sur nous tous une tache humiliante.

Le chef, furieux en entendant ces paroles, se précipita sur moi comme la foudre. La lutte fut longue et terrible; comme elle se décidait à mon avantage, le guide infidèle leva son tomahawk pour me frapper par derrière; mais au même instant le couteau de l'un des miens lui entrait dans le cœur et le renversait sans vie à côté de mon adversaire, qui rendait le dernier soupir.

Les Indiens, de part et d'autre, restaient frappés de stupeur. La cause si juste que je venais de défendre et qu'ils aimaient tous, retint les bras des amis du chef qui m'attaquait, et les gagna tous au parti de la justice.

Je fis rendre à la liberté le major, sa fille et ses deux écuyers. Ils retrouvèrent leurs chevaux et retournèrent sans aucun obstacle dans leur demeure. Je passe sous silence les offres qu'on me fit, les actions de grâces qu'on me rendit. J'étais heureux d'avoir combattu et vaincu pour les lois de l'hospitalité, et, par là même, pour l'honneur de notre nation.

Les félicitations que je reçus plus tard, de toute la peuplade assemblée, furent ma plus douce récompense.

La justice oblige souvent à changer de parti, et à laisser d'autres intérêts pour prendre les siens; c'est ce qui m'arriva pendant la chasse de l'année suivante. Dans une de mes excursions lointaines, j'entendis, au fond d'un vallon, des voix étrangères. J'aperçois trois hommes conduisant six vaches grasses dans une prairie, d'où ils chassaient à coups de bâton une autre vache fort maigre et toute exténuée. Ces hommes se mirent à rire aux éclats en voyant la pauvre bête, poussée avec violence à travers les rochers, se fracasser les jambes et les reins en roulant dans un précipice. Une Indienne sortie d'une hutte isolée poussa un grand cri. La vache qui périssait était sienne, et les hommes qui se laissaient aller à cette joie brutale étaient des colons européens établis dans le voisinage.

Ce spectacle me saisit de pitié et d'horreur. Je descendis la colline, je traversai le vallon, et, remontant la colline opposée j'arrivai à la hutte, résolu de réparer autant qu'il était en moi la cruauté des hommes blancs. L'Indienne était inconsolable, elle exhalait sa douleur en plaintes, en menaces et en malédictions terribles.

Je m'efforçai de la calmer; peu à peu, elle m'écouta et finit par me dire que ces étrangers avaient usurpé sa prairie et qu'ils avaient fait périr sa vache parce qu'ils la trouvaient trop lente à mourir de faim. On lui enlevait son unique ressource; et ici recommencèrent de nouveaux cris de douleur et de désespoir.

Je me fis indiquer l'habitation des colons, et n'écoutant que ma compassion pour un malheur que personne ne pleurait, je me rendis dans un petit village bâti tout récemment. Je venais là pour implorer la justice ou du moins la miséricorde, et j'y fus reçu par des huées et mille témoignages du plus profond mépris pour notre race. Un homme poussa l'outrage jusqu'à me lancer une ordure au visage; l'indignation l'emporta, en moi, sur la prudence, je fondis sur l'insolent, et, d'un coup de tomahawk je l'étendis raide mort à mes pieds. Toute la troupe des blancs se jeta sur moi. Il fallut céder au nombre. On me désarma, on me garrotta et l'on me conduisit au gouverneur anglais, car ces hommes étaient des Anglais. A peine si l'on daigna écouter ma défense; aussi le procès dura peu, et la sentence de mort fut prononcée sans hésitation. J'attendais, dans une prison, l'heure fatale, lorsque la porte s'ouvrit pour la première fois depuis ma condamnation. Je pensai qu'on venait me prendre et me mener au supplice. Ce n'était pas la mort, mais bien la vie qu'on m'annonçait. Un missionnaire revêtu de sa longue robe noire se présenta devant moi et me dit, dans ma langue, qu'il connaissait de façon à bien se faire comprendre d'un Indien :

— Mon ami, votre arrêt est sans appel; il faut s'y résigner, et surtout vous préparer à mourir. Quand votre sort m'a été connu, ému de pitié pour vous, j'ai couru demander au gouverneur un sursis. Trois jours vous sont accordés; c'est une grande faveur; vous aurez le temps de vous disposer à paraître devant le juge souverain; et c'est déjà un gage de bonté envers vous que ce délai qu'on obtient si rarement, et qui ne vous a pas été refusé.

L'air de bonté de cet homme, la douceur de sa voix, la conviction qui accompagnait son langage, tout cela fit sur moi une vive impression. J'avais vu, une ou deux fois, par hasard, des missionnaires; j'avais entendu vanter leur dévouement pour ceux de ma race, mais je n'en gardais qu'un souvenir confus et mêlé de préjugés bizarres; ce qui me captiva le plus, ce fut d'entendre cet homme parler assez bien ma langue.

Il comprit que sa parole produisait un certain effet en moi; il en conçut beaucoup d'espoir, il me montra le signe des chrétiens, il m'expliqua le mystère du salut avec tant de clarté et d'onction, que des larmes mouillèrent mes yeux. Aussitôt qu'il les aperçut il s'approcha de moi, me pressa sur son cœur. Il passa toute cette première journée à m'instruire. Le lendemain je reçus le baptême. Il continua encore toute cette journée à me développer les vérités de la foi.

Il me dépeignit les souffrances et le sacrifice de cette vie d'ici-bas sous des couleurs si attrayantes, que je bénissais Dieu de m'en fournir ma part, et que je me trouvais heureux de donner ma vie pour lui. Je n'avais plus de plaintes contre mes ennemis, je les aimais, loin de les haïr.

Ma ferveur était telle que le bon Père me jugea digne de ce pain de vie qu'il me faisait si ardemment désirer; et le matin du troisième jour, je mangeai cette céleste nourriture.

Il voulut m'accompagner au lieu de l'exécution. Nous marchions côte à côte, au milieu de deux rangs de soldats et d'une foule de curieux. Tout-à-coup une voix s'éleva parmi ceux que la curiosité avait attirés.

— C'est lui, c'est cet homme.

Toute l'attention se tourna du côté d'où partaient ces mots. Celui qui parlait ainsi était l'un des écuyers que j'avais sauvés dans le bois. Mais aussitôt qu'il m'eut reconnu il courut avertir son maître, qui s'empressa de venir avec sa fille, pour faire arrêter la marche et obtenir le temps de demander ma grâce. En quelques instants, il parut avec un ordre du gouverneur, qui m'appelait à comparaître en sa présence.

J'y fus conduit sur-le-champ. Le major m'accompagnait. J'expliquai toute ma conduite à ce seigneur. Le major raconta, à son tour, ce qui lui était arrivé. Après une courte délibération, on me remit en liberté. Le bon missionnaire, qui attendait l'issue de cette affaire, me témoigna une grande joie de ma délivrance; toutefois, comme il craignait que je ne retombasse dans mes anciennes erreurs en revenant dans ma peuplade encore toute païenne, il me fit consentir à passer au service d'un homme de sa nation, c'est-à-dire d'un Français. Il me fit conduire par

des amis à lui, dans la ville où vous avez débar-
qué. Là, par les soins de personnes charitables
dévouées à mon sort, je fus admis dans plusieurs
maisons successivement, et en dernier lieu dans
celle du patron respectable que nous avons
perdu. Je partis sans dire adieu à mes frères les
Lennapes, ni même à nos parents, ainsi le voulut
mon bienfaiteur. Je suis loin de blâmer cette
sage précaution, quoiqu'il ne m'ait pas été
donné, depuis lors, de recevoir aucune nouvelles de ceux dont je me séparais. J'ai porté l'o-
béissance jusqu'à la plus complète abnégation.

C'est pourquoi j'ignore encore le sort de mes
parents, aussi bien que celui du missionnaire.
Mais je pense que la Providence me permet,
maintenant, de regagner le sol natal. Qui sait
même si elle ne me découvre pas sa volonté
dans les épreuves qui nous arrivent. Une voix
intérieure m'engage à reprendre courage, et me
présage de la joie et du repos pour vous et pour
moi.

XIII. — Une bonne fortune.

A la suite du récit de l'Indien, auquel succéda,
comme un juste retour de confiance, celui de
mes aventures, nous continuâmes à nous enfoncer dans l'immense forêt. La lune nous éclairait

de ses rayons pâles et vacillants à travers les sapins touffus, et nous indiquait les mauvais pas qu'il fallait éviter. La nuit était froide; en combattant le froid par une marche rapide, nous fîmes un long chemin en peu d'heures. Lorsque le jour commençait à poindre, nous fûmes nous abriter dans une caverne d'où s'étendait le bruit d'une cascade. L'Indien m'invita à me coucher sur des feuilles sèches dont il me fit une espèce de lit. Je l'écoutai, et le sommeil vint bientôt me visiter.

Quand je m'éveillai, il était grand jour; mon compagnon avait disparu. Les plus noires idées venaient déjà en foule assiéger mes esprits agités. Il me délaisse, me disais-je; le naturel sauvage se réveille dans ces solitudes. Me voilà de nouveau tombé dans les embûches.

Ces accablantes pensées s'enfuirent au retour du Lennape.

— J'ai trouvé des amis, me dit-il en me rejoignant; suivez-moi.

Il me conduisit dans une hutte de chasseurs qui nous gardèrent, en nous comblant de soins, cette journée et la nuit suivante. On nous offrit des repas où figuraient de rares espèces de gibier. Notre boisson se composait d'eau d'érable, à laquelle je trouvais une saveur exquise.

Mon Indien avait repris son ancien costume. C'était le costume d'un naturel du pays, mais le costume pacifique et ami. Il portait le tatouage des siens, dont le blason figurait une tortue, sur sa poitrine. Il s'arma d'un couteau qu'il passa dans sa ceinture, et de la hache appelée tomahawk. Il prit aussi un fusil et des munitions, et, pour chaussure, des mocassins. On nous mena jusqu'à un grand lac; on mit à notre disposition un canot où l'on plaça des provisions. On se dit adieu. Nous naviguâmes jusque vers midi, tantôt longeant la côte, tantôt en pleine eau, tantôt dans une direction, tantôt dans une autre. Je ne pouvais assez admirer l'adresse et la vigueur de mon pilote; on eût dit que les éléments et lui s'entendaient, et que l'onde se prêtait à ses diverses manœuvres avec une soumission intelligente.

A midi nous prîmes terre, seulement tout le temps nécessaire pour manger. Nous continuâmes notre course sur eau durant le reste de la journée. Une petite île nous offrit un abri pendant la nuit. Le matin, après un léger déjeuner, nous fîmes une courte traversée et nous débarquâmes sur des bords garnis de touffes d'arbres inconnus pour moi. L'Indien tira le canot hors du lac. Il me pria de lui aider à le transporter à une petite distance, où il fut déposé et caché sous des broussailles.

— Au besoin, ajouta-t-il, nous saurons où le trouver.

Afin qu'on ne pût le découvrir, il me fit faire divers détours et puis marcher à reculons. Les Indiens sont très habiles à dépister ce qu'ils cherchent, et ils emploient mille ruses pour se déjouer.

Après quelques instants de repos, nous suivîmes, en le remontant, le cours d'une rivière rapide et profonde. L'Indien se couchait de temps à autre, appliquant l'oreille contre terre pour écouter. Quelquefois il regardait la mousse des arbres et y prenait des indications pour se conduire. Quelle subtilité! quelle adresse! quelle finesse chez ces hommes du Nouveau-Monde! La Providence a semblé les dédommager ainsi de l'instruction dont ils sont privés. La nuit nous surprit encore dans notre marche au milieu des bois. Il fallut songer à un refuge. Le creux d'un rocher nous en offrit un. Je le désirais vivement, tant pour me reposer que pour me mettre à couvert du froid, qui devenait de plus en plus intense à mesure que nous avancions dans les régions du nord.

Au point du jour, nous étions en chemin, toujours le long de la même rivière, que nous quittâmes au bout d'une heure environ. Nous atteignîmes une cime élevée d'où se découvrait à notre droite un lac immense, et devant nous, au septentrion, des montagnes couvertes de glaces et de neiges.

Cette vue m'effraya. L'Indien s'en apercevant, me dit :

— Rassurez-vous; c'est là justement que nous serons en lieu de sûreté.

Ces paroles ranimèrent mon courage. Nous laissâmes les hauteurs et nous descendîmes à mi-côte, sur le versant qui dominait le lac. Nous étions à l'abri du vent des montagnes et en face du soleil, dont les rayons venaient nous réjouir et nous réchauffer. Nos provisions allaient diminuant. L'Indien, craignant qu'elles ne vinssent à manquer avant d'arriver à notre but, fut à la chasse. Il revint vers le coucher du soleil, apportant un énorme quartier d'un animal sauvage. Il abattit des branches sèches de vieux sapins, avec son briquet fit jaillir des étincelles d'un caillou, et parvint à allumer un grand feu. Il coupa par petits morceaux la viande conquise et la plaça sur un brasier ardent. Je ne sais si cela venait de la faim, mais j'avoue que je trouvai cette chair délicieuse.

Je me sentis, au départ, une vigueur toute nouvelle. Nous fîmes quelques milles sur la pente au-dessus du lac; nous songions à reprendre à gauche pour nous diriger vers la peuplade de l'Indien, lorsque nous découvrîmes une petite caravane sortant d'une île, et venant prendre terre à notre bord.

L'Indien était tout yeux et tout oreilles, derrière un tronc d'arbre où il se tenait caché avec moi. Tout-à-coup il s'écria :

— C'est le bon Père qui m'a converti; je le reconnais.

A l'instant il courut vers le rivage, d'où il saluait le canot, l'appelant à lui par des gestes impossibles à décrire. Les passagers, encore assez loin, à la vue de tels signes, hésitèrent quelques instants. Ils craignaient qu'on ne voulût les attirer dans un piége. Mais bientôt, sur un mouvement du prêtre, la petite troupe se décida à s'approcher.

Nous l'aidâmes à débarquer et à tirer à terre le canot, avec toutes les provisions dont il était chargé. L'Indien ne se trompait pas; c'était le missionnaire dont il m'avait parlé. Ce digne homme eut bientôt reconnu lui-même son fils en J.-C. Combien fut grande sa joie de le retrouver sain et sauf, et fidèle à sa foi.

Le missionnaire allait visiter une peuplade faisant partie d'un grand troupeau dont il avait la garde principale. Sa suite se composait de deux Indiens nouvellement convertis, d'un enfant de douze ans encore cathécumène, et d'un créole attaché à son service particulier. Quatre jolis chiens du pays étaient attelés à un traîneau, sur lequel on plaça la batterie de cuisine, le lit, la garde-robe, la chapelle du missionnaire, les effets et les provisions. On eut soin de cacher le canot en lieu sûr, puis on se mit en marche. Les deux Indiens avaient le fusil à l'épaule et la hache à la main; les chiens tiraient le traîneau que les hommes poussaient par derrière dans les endroits difficiles. La marche se prolongea bien avant dans la veillée, pour atteindre l'habitation d'un chrétien, où nous fûmes accueillis avec une grande bienveillance.

J'expliquai au missionnaire pourquoi l'Indien et moi nous nous trouvions dans ces montagnes. Sans autres témoins de notre innocence que nous-mêmes, il voulut bien nous croire; vivement ému au récit de nos tristes épreuves, il nous adressa des paroles touchantes.

— Mes amis, ajouta-t-il, restez avec nous pendant ma mission dans ces contrées; qui sait ce que la Providence vous y réserve.

Il dit ensuite à l'Indien :

— En partant d'ici je vais dans votre peuplade, où mes confrères ont opéré des conversions nombreuses.

A ces mots, l'Indien sauta de joie et baisa les mains du missionnaire. Nous acceptâmes, l'un et l'autre, avec le même empressement, la proposition du saint apôtre, et nous l'accompagnâmes durant toutes ses courses dans cette région. Nous devînmes les témoins constants de son zèle et de sa charité; heureux de jouir des fruits de son ministère et de lui offrir nos faibles services.

C'est bien ici le cas de vous décrire ces excursions évangéliques pendant l'hiver, dans ce pays. On campe, tantôt dans des huttes hospitalières, tantôt dans des cavernes, tantôt en plein air. Dans ce dernier cas, on dresse une sorte de tente ou de paravent fait d'écorce flexible; on déblaie la terre de la neige qui la couvre, on étend des couvertures et l'on s'y couche. On se lève avant l'aurore; on fait la prière en commun, on se munit d'un déjeuner précoce et copieux, car il faudra marcher tout le jour; chacun plie les couvertures, les lie à son traîneau; chacun chausse ses raquettes, chaussure inventée pour marcher sur la neige sans s'y enfoncer; enfin l'on se met en route, avec les provisions qu'on peut apporter. Tous les endroits ne sont pas également avantageux pour camper, ce qui fait qu'on ne s'arrête pas toujours à la même heure. C'est ordinairement vers le coucher du soleil qu'on fait halte, afin de pouvoir terminer sa besogne avant la nuit close. Les chiens sont alors mis en liberté, et ils en jouissent pour dormir sur la neige. En même temps la cognée décime les arbres morts de la forêt; leurs troncs gigantesques sont amoncelés avec profusion; le briquet fait jaillir l'étincelle; le beau tapis de verdure que la neige cachait, invite les voyageurs à prendre possession de leur nouvelle demeure. On se range autour d'un grand feu pour se réchauffer les membres engourdis par le forid. On se frotte le menton, le nez, les joues, pour se rétablir la circulation du sang ; et, quand les lèvres ont repris leur souplesse, on se communique les impressions et les aventures de la journée.

Les chiens viennent recevoir leur ration, pendant le souper de la caravane. Ces excellentes bêtes rendent de très grands services et endurent des fatigues et des privations inouïes. Pendant le repas, le missionnaire parle de la Providence et de ses œuvres merveilleuses ; il élève les esprits à contempler la nature si admirable, même au milieu de l'hiver. Déjà, comme une lampe d'or suspendue dans l'azur, la lune mêle sa douce lumière aux éclats rougeâtres du foyer embrasé. Cette double clarté se projette entre les arbres de la forêt, qu'elle dessine sur la neige en ombres mouvantes. Les étoiles si belles, si lumineuses dans les régions polaires, semblent se disputer la voûte des cieux, tant elles sont nombreuses et brillantes. Dans une sphère plus basse, le magnifique phénomène des aurores boréales fixe l'attention pendant des nuits entières. Des traînées de feu, des jets de lumière sillonnent l'espace des airs en tous sens, et exécutent leurs danses joyeuses au son d'une musique qui leur est propre. Les sauvages croient que ces météores sont les danses des âmes dont les voix sifflantes produisent le bruit dont ces phénomènes sont accompagnés. L'intensité du froid jointe à la fatigue du jour peut seule arracher l'âme à ces douces rêveries. Le dernier comme le premier acte de la journée de l'assemblée, est un élan d'amour pour son Dieu, auteur de tant de merveilles. Qu'il doit être beau le spectacle qu'offrent maintenant ces forêts, visitées depuis lors par de nombreux ouvriers évangéliques! Les échos des montagnes doivent y répéter partout les cantiques de ces sauvages devenus chrétiens, et préférant encore ces retraites profondes aux vains attraits d'un monde corrompu et corrupteur. Et à présent, comment vous dépeindre les prodiges de cette mission accomplie sous nos yeux! La parole du bon Père tombait de ses lèvres comme cette rosée bienfaisante qui rafraîchit la terre et la renouvelle. Les cœurs ne résistaient pas à ces soins si ingénieux, à ces sollicitations si pressantes d'un homme qui s'oubliait en quelque sorte lui-même pour ne s'occuper que du bien d'autrui. Les vieillards le nommaient leur lumière, les faibles leur appui, les affligés leur consolateur, les malades leur médecin, les orphelins leur père, les malheureux leur Providence. Souvent, en se voyant entouré, comme un père de famille, de ses nombreux enfants, des larmes coulaient de ses yeux; larmes de joie et de bonheur! Cette peuplade avait déjà vu d'autres missionnaires, et c'est ce qui contribuait à rendre la mission plus riche et plus facile.

Il serait impossible de dire le nombre des Indiens qui reçurent le baptême et d'autres sacrements.

Le ministre de Dieu nourrissait une soif inextinguible du salut des âmes. Si la pensée de ceux qui participaient à la bonne nouvelle le comblait de consolation, elle contribuait aussi à le rendre plus sensible au sort de beaucoup d'autres privés des grâces de son apostolat. En considérant son insuffisance en face de tant de travaux, il s'écriait dans l'amertume de son zèle trop restreint :

— O mes frères d'Europe, accourez au secours d'un pauvre prêtre placé au milieu d'un troupeau affamé qu'il ne peut nourrir. Venez ouvrir vos cœurs à des besoins plus grands que ses ressources.

En voyant tant de charité et tant de dévouement, je me disais souvent : Quels hommes que ces apôtres de J.-C.! ils quittent tout, patrie, famille, amis, fortune, et vont vivre dans les forêts au milieu des sauvages! Que cherchent-ils, sinon la félicité de leurs frères invités et amenés à la lumière et à la vie divine? Que trouvent-ils en récompense de leurs généreux et héroïques sacrifices, sinon les souffrances, les privations ou la mort? Ah! la religion qui forme de tels cœurs vient du ciel!

La mission dura jusqu'au mois d'avril de l'année suivante. Alors le bon Père dit adieu à ses chers enfants. L'espoir de se revoir un jour put seul tempérer la douleur de la séparation. Nous fûmes visiter les Lennapes. Le voyage dura plusieurs jours.

Un autre missionnaire nous y attendait. Ce prêtre venait de la ville d'où l'Indien et moi nous avions fui. Nous apprîmes, à notre grande surprise, qu'on avait découvert et châtié l'assassin de monsieur Gessner, tout en reconnaissant notre innocence. L'infâme complice du principal coupable avait tout révélé dans un moment de colère.

Heureuse nouvelle, surtout à notre arrivée dans la tribu de mon fidèle Indien. Il put, sans rougir, raconter nos communs malheurs à ses compatriotes, qui nous témoignèrent des sympathies touchantes et propres à faire oublier, à lui, la perte de ses parents morts depuis longtemps, et à moi les ennuis de l'exil. Je ne devais plus quitter la peuplade, me disait-on souvent, de crainte de tomber dans des aventures pires, peut-être, que les premières.

Je n'eus pas à soutenir une longue lutte contre de si généreuses instances. La mort de mon compagnon d'infortune et le départ du missionnaire que je suivais rompirent les liens les plus forts.

Tandis que le prêtre qui nous avait devancés dans cette tribu devait encore continuer d'y donner ses soins, notre consigne à nous nous menait dans une ville maritime, centre des excursions apostoliques dans cette partie du Nouveau-Monde. Après un certain séjour, l'apôtre de Jésus-Christ se proposait de partir pour la France dans le but d'en ramener d'autres ouvriers évangéliques. L'époque de ce voyage restait indécise. Les événements politiques dominaient, plus que jamais, tous les projets.

En nous rendant à notre nouvelle destination, après nous être arrachés aux bras des bons Lennapes, dont les larmes sont toujours présentes à mon souvenir, je fus témoin d'une scène qui mérite de vous être rapportée.

Nous avions atteint une petite hauteur d'où nos regards mesuraient un espace de terrain très considérable. Tous les arbres y avaient été abattus. La lumière d'une belle soirée d'été parcourant cette grande clairière, créait un contraste éblouissant avec le jour sombre qui règne dans une forêt. A peu de distance de nous, un ruisseau formait un petit lac dans un vallon resserré entre deux montagnes. L'eau sortait ensuite de ce bassin par une pente si douce, si régulière, qu'elle semblait l'ouvrage de la main de l'homme plutôt que celui de la nature. Plusieurs centaines de petites habitations en terre s'élevaient sur les bords de ce lac, et sortaient même du sein des eaux en quelque façon répandues au-delà des limites ordinaires. Leurs toits arrondis, admirablement calculés pour servir de défense contre les éléments, annonçaient plus d'industrie et de prévoyance qu'on n'en trouve souvent dans les constructions des naturels du pays, surtout celles destinées aux caravanes durant les saisons de la chasse et de la pêche.

Tout-à-coup, des hommes d'une espèce singulière parurent. Ils allaient sur les mains et sur les pieds, traînaient après eux quelque chose de lourd. Bientôt plusieurs têtes noirâtres sortirent des habitations, à tel point qu'en quelques minutes les bords du lac furent couverts d'une multitude d'êtres marchant dans tous les sens, toujours en rampant, mais avec une telle célérité qu'il était impossible de comprendre ce qu'ils faisaient.

— Ce sont des castors, dit le missionnaire, au moindre bruit ils vont disparaître.

C'est ce qui arriva.

XIV. — Une rencontre inattendue.

Le missionnaire me voyant dénué de toutes ressources dans la ville où nous étions venus, songea à me placer dans une honnête maison de commerce bien connue de lui, et propre à répondre à l'intérêt qu'il prenait à mon triste sort.

— On vous offre, me dit-il, un emploi où vous n'êtes pas novice, l'ayant déjà rempli dans ce pays. Vous attendrez là des jours meilleurs. Peut-être luiront-ils sous peu. Vos nouveaux patrons sauront apprécier vos services et les récompenser; vous n'avez à craindre ici rien de pareil à ce qui vous est arrivé ailleurs.

J'accueillis avec reconnaissance cette proposition, et je n'eus qu'à m'en louer. L'honorable famille au sein de laquelle je vivais me rappela, mieux que nulle autre, les soins et la bienveillance de monsieur Hermann, de son épouse et de leur fille.

Ce fut pendant mon séjour dans cette digne maison que je fis une rencontre à laquelle j'étais loin de m'attendre. Un jour que je me trouvais seul dans une promenade, un homme parut tout-à-coup devant moi.

— Enfin, dit-il en me saluant d'un ton poli et destiné à diminuer ma surprise, enfin je puis vous voir sans témoins. Dès le moment qu'il m'a été permis de vous reconnaître dans cette cité, j'ai soupiré après cette heureuse chance, et je bénis la Providence de me la procurer aujourd'hui. Je dois, avant tout, vous dire que je suis, comme vous, Alsacien.

— A ce prix-là, interrompis-je, et sans en savoir davantage, votre présence en ce lieu est aussi une bonne fortune pour moi.

— Ah! monsieur Robert, reprit cet homme, vous allez, sans doute, changer de langage en apprenant mon nom.

Il se tut et baissa la tête. Je restais moi-même presque interdit, et en quelque sorte confus de ce qu'il n'osait le prononcer.

— Je suis Joseph Western, ajouta-t-il après quelques instants de silence.

— Quoi! cet ami de Marien, m'écriai-je d'un ton propre à lui faire regretter de s'être nommé.

— Lui-même, continua-t-il; mais cet ami est bien désabusé!

— Dieu en soit loué, lui dis-je, comme délivré d'une impression pénible.

— Jamais, monsieur Milner, reprit-il, jamais conversion ne fut plus sincère que la mienne. Seulement elle est trop tardive...

— Mon très cher compatriote, repartis-je, je comprends, ou du moins je crois comprendre la cause de votre regret; mais ce qui doit vous rassurer, c'est que Dieu vous tient compte de votre bonne volonté.

— J'en ai grand besion, me dit-il; plus j'y réfléchis et moins je parviens à m'expliquer comment j'ai pu vivre si longtemps dans de si tristes illusions. Il est bien vrai que l'homme dont je m'étais fait le disciple possède au suprême degré le talent de séduire.

— Que devient-il, cet homme? demandai-je.

— D'après de récentes nouvelles, répondit-il, la chute de l'Empereur, dont Marien a su devenir la créature, serait imminente, et le retour des Bourbons prochain.

C'est des mêmes événements qu'entendait me parler le missionnaire, lorsqu'en me plaçant dans une maison de négoce il me faisait espérer des jours meilleurs.

— Comme je le vois, continuai-je, Marien a, jusqu'à présent, survécu aux vicissitudes de la fortune.

— Et son ambition y surnagera encore, reprit-il.

— Oh! repartis-je, cela est impossible, dans l'hypothèse des événements présagés.

— Monsieur Robert, continua-t-il, je connais cet homme; et quand il parviendrait à s'insinuer dans les faveurs du roi, je n'en serais nullement étonné. L'astuce, chez lui, égale l'égoïsme; c'est tout vous dire. Il rencontrera, je n'en doute pas, de graves difficultés ; il les surmontera. Il saura séduire et gagner ses adversaires, ou les perdre.

— Ah! repris-je, si la fortune tourne où l'appellent nos vœux, et si la Providence me rend à mes foyers, le monstre saura à qui il a affaire, et il recevra enfin la leçon qu'il mérite.

— Prenez-y garde, répliqua-t-il; Marien, c'est la ruse personnifiée ; il trouve toujours une issue pour se sauver, et le moyen de se débarrasser de quiconque cherche à lui nuire.

— L'iniquité, dis-je, a donc rencontré dans cette âme perverse son appui inébranlable?

— Sans entendre dire cela, répondit-il, je n'en persiste pas moins à regarder cet homme comme très à redouter.

— Le scélérat, interrompis-je, ne devrait pas ignorer mon dévouement aux Bourbons. Si les exilés du Rhin revoient la France, comme j'en ai le doux espoir, il se trouvera parmi eux des témoins de ma conduite et de la sienne. L'histoire de l'infortuné duc d'Enghien ne peut s'oublier.

— Justement, répondit-il, Marien pourrait bien arranger les choses de façon à vous faire passer pour l'un des traîtres qui, sous le masque de l'amitié et du dévouement, livrèrent l'illustre prince.

— Comment s'y prendrait-il, cet infâme bourreau? demandai-je avec toute la surprise de la plus profonde indignation.

Mon interlocuteur entra, sur ce sujet, dans des détails propres à me déconcerter. Il m'engagea néanmoins à ne pas renoncer à mon dessein.

— Avant de nous quitter, ajouta-t-il, j'aurai peut-être trouvé quelque avis utile à vous communiquer; en attendant je puis, si vous y prenez plaisir, vous raconter et vous expliquer bien des choses dignes de vous intéresser.

Je n'eus garde de repousser sa proposition. C'est en me déroulant la partie du tableau de mes aventures qui restait couvert, que Joseph Western acheva de me faire goûter le bonheur de sa rencontre. Comme c'est ici, je n'en doute pas, le côté le plus touchant pour vous, de ma triste histoire, je m'y attache de préférence, en continuant mon récit sur les révélations de mon compatriote. Vous jugerez vous-même des impressions que je dus éprouver en l'écoutant.

Je remonte au moment de ma fuite. Charles et ses deux amis allaient franchir le seuil de la prison du bon curé, lorsqu'ils furent arrêtés tous trois. Quelque imprudence sans doute les avait dénoncés et livrés, avec leurs plans, à leurs ennemis. Le principal auteur de ce coup de main trouva mon oncle avec Marien, quand il vint en toute hâte chez ce dernier révéler sa belle capture.

Ce fut pour les deux amis comme un coup de foudre. Ils se regardaient tout interdits, et paraissaient accablés sous le poids de mille pensées diverses qui leur traversaient l'esprit.

— Cours sur-le-champ à la maison de Georges Réville, s'écria Marien en s'adressant à l'agent. Amène ici Robert et Berthe.

Mon oncle restait saisi et n'osait bouger.

— Les deux frères ont déjà pris la fuite, répliqua l'agent. Aussitôt le complot découvert, j'ai envoyé des gens chez eux, ils étaient partis. On est à leur poursuite. Je connais leur direction; le pays de Bade est leur rendez-vous commun.

— Il se passe de singulières choses, reprit Marien en jetant un regard de colère sur mon oncle. C'est une étrange surveillance, Réville, que la tienne. Cela donne à réfléchir, ajouta-t-il d'un air menaçant.

Mon oncle se confondit en excuses, en protestations. Marien, à la fin, convaincu de son innocence, se contenta de le traiter d'imbécile; et il dit à l'agent :

— Citoyen, tu recevras la récompense de ton zèle. Tiens tes prisonniers sous bonne garde, et tâche d'arrêter les fugitifs. Je vais m'occuper incessamment de cette affaire. Tu peux te retirer.

Aussitôt qu'ils furent seuls, Marien dit à mon oncle :

— Tes parents nous ont joués tous deux. Comment cette intrigue s'est-elle ourdie chez toi-même, sans être soupçonnée? Ne crains-tu pas que ta négligence ou ta maladresse ne donne lieu à de funestes interprétations, et que nous ne soyons rendus la dupe d'un plan qui a été si mal conduit? C'est déjà très fâcheux que tant de choses se soient passées à notre insu, et qu'un autre ait montré plus d'intelligence et de vigilance que nous.

Mon oncle ne savait trop que répondre. Les observations de Marien lui paraissaient très justes. Il commençait à trembler pour lui. Son ami s'en aperçut et lui dit d'un air de pitié indéfinissable :

— La faute est grande, sans doute; rassure-toi, néanmoins. Les mesures promptes et efficaces que je vais prendre ne permettront pas de mettre en doute notre patriotisme. Si quelqu'un osait nous accuser, mes raisons sont toutes prêtes pour le confondre. Quant aux fugitifs, je saurai les atteindre dans le pays où ils vont se réfugier, s'ils ne sont pas pris en route. Toi, reste fidèle à tes engagements, et tu sauveras ta vie.

Mon oncle promit tout, et consentit à tout.

La route que nous suivîmes nous déroba à la

poursuite des gens envoyés contre nous; nous pûmes toucher à la rive étrangère.

Marien le sut, et loin de renoncer à son premier dessein, il s'y attacha avec un nouvel acharnement, sans négliger, toutefois, les précautions nécessaires à ses apparences de zèle pour les intérêts de la patrie. Il sentait le besoin de justifier ses étranges procédés dans cette affaire.

Après avoir fait tous ses calculs et arrêté son plan, il rendit visite à un ami dévoué, habitant la frontière française du Rhin. Cet ami s'appelait Christophe, infâme usurpateur du château et de la terre de son ancien seigneur. C'est ici le lieu d'expliquer comment ce misérable était parvenu à prendre la place du maître légitime. Fermier des terres d'un homme suspect au pouvoir, il n'ignorait pas que les biens de tels personnages passaient aisément aux mains des favoris de la révolution. Cette pensée avait tenté sa convoitise, il n'attendait plus qu'une occasion favorable à l'accomplissement de ses désirs. Cette occasion ne tarda guère à se présenter.

A la suite d'un premier succès des armées françaises dans cette contrée, le seigneur prit la fuite, cédant à la crainte si commune alors entre tous ceux de son rang. Le fermier tira habilement parti de cette détermination de son maître. Il le dénonça aux agents du comité de salut public en mission sur le Rhin, comme un coupable qui fuyait le châtiment mérité. Selon lui, ce traître vendait notre drapeau à l'ennemi en lui révélant tous nos plans de campagne. Saint-Just et Lebas accueillirent avec empressement ces rapports mensongers. Ils déclarèrent les biens de l'émigré biens nationaux, et en donnèrent la propriété à Christophe, comme récompense du service signalé qu'il venait de rendre à la patrie.

La conduite de ce serviteur infidèle ajouta, dans cette circonstance, au crédit dont il jouissait déjà. Il devint un personnage important chargé de surveiller, sur les confins, tous les mouvements de l'émigration, ce qui lui fournit l'occasion de nouer des relations avec certains agents que la république entretenait à l'étranger.

Marien, au courant de tout, trouvait là l'homme qu'il lui fallait.

A peine lui eut-il expliqué le but de sa visite, que Christophe lui donna l'assurance qu'il serait servi dans ses désirs.

— Laissez-moi faire, lui dit-il, sous peu de jours cette jeune fille sera en votre pouvoir. Préparez-vous à l'accueil que vous lui réservez. J'ai déjà conçu les moyens infaillibles de réussir.

Marien revint chez lui, plein de confiance dans les promesses de son ami.

Christophe, par suite des offices qu'il avait à remplir, se trouvait alors l'ami et le favori d'un personnage en grand crédit dans la principauté de Bade. Il eut recours à lui, et n'eut pas de peine à obtenir son appui. Cet homme professait un culte secret pour les principes de la révolution française, et travaillait sourdement à la propager en prenant soin toutefois d'en conjurer les excès. Christophe s'appliqua à parler de ma sœur et de moi en termes ambigus. Dans son thème, il n'eut garde de déclarer nos liens de parenté; cette réticence favorisait trop bien son dessein en donnant prise à toute sorte de soupçons. Notre fuite dans un pays étranger prêtait, hélas! aux plus malignes interprétations, et Dieu sait si Christophe sut en tirer parti. Berthe pourtant fut beaucoup moins maltraitée que moi. Il la dépeignit comme une bonne personne, honnête encore, mais jeune et sans expérience. Il devenait urgent de la rendre à son honorable famille qui la réclamait : j'étais, moi, un rusé conspirateur dont il fallait se défier, même à l'étranger.

Les choses furent réglées selon les désirs de l'habile entremetteur. On me faisait grâce de la potence, malgré toutes mes intrigues et mes actions très criminelles; on se bornait à me tenir sous les verroux jusqu'à nouvel ordre. Berthe allait être ramenée dans sa famille.

On suivait le plan de Marien. Il semblait le plus conforme à ses vues, qu'on ne révéla pas

au personnage étranger; l'intérêt personnel de_
vait s'effacer dans une occasion pareille. Le cal-
cul de notre ennemi ne manquait pas d'adresse.
Voulant encore tenter de gagner ma sœur, il
avait besoin de paraître généreux envers un
frère qu'elle aimait si tendrement. Or, le moyen
de prouver ce qu'on affectait de montrer, c'était
d'épargner la guillotine à ce frère, et de le laisser dans un exil qu'on regardait alors comme
un bienfait. On aurait soin de ne point parler de
quelle façon on me traitait dans cet exil. Mon
oncle lui-même, à qui l'on ne dirait pas tout, et
qu'on tenait à ménager, ne pourrait être que fort
satisfait de ces sages mesures. Ce qui fut résolu
fut exécuté. La retraite de ma sœur et la mienne
étaient déjà connues, nous n'avions nullement
songé à en faire un mystère. Je ne reviendrai
pas sur les détails de mon arrestation; vous les
connaissez tous. Si, à mon égard, on crut pouvoir se dispenser de toutes précautions, il n'en
fut pas de même vis-à-vis de ma sœur. On prit
tous les soins possibles pour lui déguiser les ordres qu'on exécutait. On parvint à prévenir con_
tre nous une femme de qualité. Cette dame était
très connue dans le couvent qu'habitait ma sœur,
ce qui la rendait encore plus propre au triste
rôle qu'on lui faisait jouer.

Fidèle à la consigne que sa bonne foi lui avait
fait accepter, elle vint voir ma sœur; et, après

l'avoir adroitement et poliment préparée au but de son message, elle lui dit :

— Je sais que vous attendez des personnes de votre pays; eh bien! j'ai la douce satisfaction de vous annoncer leur arrivée.

La dame parlait sur la foi de ceux qui avaient su la tromper.

— Ne soyez pas surprise si c'est moi et non un autre, qui vous porte cette heureuse nouvelle, ajouta-t-elle. Vos compatriotes se sont occupés de trouver un séjour convenable, sûr et commode; ils ont réussi, et votre cher compagnon d'exil, dont j'ai eu l'occasion de faire la connaissance, m'a priée de vous en faire part. Vous n'étiez ici qu'en attendant un tel événement; l'heure de sortir de cet asile a donc sonné pour vous. Tenez-vous prête; demain, de bonne heure, une voiture viendra vous prendre et vous mener où vous êtes attendue. Confiez-vous sans crainte aux guides désignés pour vous conduire.

Ma sœur fut d'abord étonnée qu'une personne étrangère se trouvât chargée d'un semblable message; mais comme tout, dans cette personne, respirait la franchise, la loyauté, sans parler de la haute considération dont elle jouissait dans le couvent, Berthe accueillit cette nouvelle avec une confiance égale à sa joie. Elle fit tous ses préparatifs. Elle put indemniser la maison des sacrifices faits pour elle, sans profiter de l'offre obligeante de la messagère, à qui ma sœur inspirait déjà tout le vif intérêt qu'on lui témoignait à l'envi dans le couvent. Il suffisait, en effet, de considérer quelques instants cette innocente créature, pour se faire une idée de toute la beauté de son âme. Je doute que les impressions nées de la calomnie aient pu résister à celles que causaient les rapports entretenus avec Berthe.

A l'heure indiquée, ma sœur quitta sa retraite avec l'espoir d'y revoir encore les amies qu'elle y laissait; ainsi le lui faisait-on croire, ainsi le croyait-on dans le couvent. Une voiture attelée de deux chevaux, avec deux hommes en livrée, emportait Berthe avec une grande rapidité. Ma sœur, tout entière à la pensée de se retrouver avec des personnes bien chères, ne songea, en quelque sorte, à sa position que lorsqu'elle sentit le roulis d'un bateau.

— Où sommes-nous donc? demanda-t-elle à l'un des conducteurs placé dans l'intérieur de la voiture.

— Nous traversons un lac, lui fut-il répondu; nous voulons abréger le voyage et vous épargner trop de fatigue.

— Nous allons donc bien loin? reprit Berthe.

— Assez loin, repartit l'autre. Un peu de patience, et nous arriverons.

Le ton qui accompagna ces paroles, ajouté à la réserve que cet homme semblait garder, engagea ma sœur à s'en tenir là. Elle se souvint du bien qu'on lui avait dit de ses guides, et resta pleine de confiance dans le but de son voyage.

On avait passé le Rhin. Bientôt après, la voiture s'arrêta. Berthe mit pied à terre; un homme se présenta aussitôt, et, sans lui donner le moindre instant pour chercher à se reconnaître, il la conduisit dans une pièce au rez-de-chaussée.

— Madame, lui dit-il, ce n'est qu'une courte station. Il faut que vous restiez ici quelques moments; vous avez besoin de nourriture et de repos.

Ma sœur ne sut qu'exprimer sa reconnaissance. Elle ignorait et n'osait demander ce qu'il lui restait à faire de chemin. Tout paraissait lui imposer la plus grande réserve : le silence sévère de ses conducteurs, l'air mystérieux de son hôte passager, et, par-dessus tout, le soin continuel de tenir la voiture fermée et de dérober les voyageurs qu'elle contenait aux regards indiscrets. Berthe, comme toute âme pure et confiante, ne voyait en cela que de sages précautions prises dans son intérêt, et se trouvait ainsi bien éloignée de soupçonner le véritable motif de cette conduite. Ce qu'on voulait, en effet, c'était d'écarter de ses yeux et de ses oreilles tout ce qui aurait pu troubler l'illusion dans laquelle on devait l'entretenir.

L'homme qui lui donnait en ce moment l'hospitalité, c'était l'infâme Christophe. Il ne négligea rien de ce qui pouvait servir à faire trouver moins longues les heures qu'il fallut passer dans ce séjour inconnu.

A une heure fort avancée de la nuit, et après avoir pris toutes ses mesures, Christophe dit à ma sœur :

— Je regrette qu'on vous ait gardée si long-temps. Il faut bien se soumettre aux circonstances. Vous pouvez, à présent, continuer sans danger votre voyage.

Ma pauvre sœur, vous devez le comprendre, n'hésita pas un instant à prendre congé de son hôte. Elle se livra de nouveau à ses guides, agents de Christophe, qui la conduisirent, non à ses amis, mais à des bêtes féroces avides de son honneur ou de son sang. L'obscurité de la nuit contribua à favoriser l'erreur où elle était; sans s'en douter, la victime arriva à sa triste destination. Le jour commençait à poindre.

Quel ne fut pas l'étonnement de Berthe, en descendant de la voiture, de se voir devant la maison de notre oncle.

— Où suis-je? s'écria-t-elle.

Pour toute réponse, on la saisit et on l'enferma dans une chambre retirée, en étouffant, autant que possible, ses plaintes et ses soupirs.

Mon oncle se montra sur-le-champ; et, quand il se vit seul avec sa nièce, il lui dit :

— Ma chère enfant, calme-toi, rassure-toi, on ne veut te faire aucun mal. On cherche à porter remède aux fâcheuses impressions que votre coup de tête a laissées dans le pays. *Ton frère est un exalté*. Il nous a trompé tous. Il ne faut pas que tu sois plus longtemps dupe de ses conseils extravagants.

— Je ne le verrai donc plus? s'écria Berthe, dont l'état ne saurait se décrire.

— Nous en causerons plus tard, reprit mon oncle. Pour le moment, tu as besoin de soins et de repos.

Il quitta Berthe à ces mots, et donna ses ordres en conséquence.

Etait-il un remède propre à adoucir le chagrin de ma sœur ainsi prisonnière et dans l'attente d'un sort trop certain! Quand mon oncle la supposa assez remise et assez tranquille, il la vit de nouveau.

— Eh bien! Berthe, lui dit-il, commences-tu à te reconnaître? n'es-tu pas chez un parent tout dévoué?

— Mon frère! demanda Berthe, que devient-il? l'avez-vous livré à la vengeance de ses ennemis?

— Il n'avait ici, répliqua mon oncle, que des amis. Il les a trahis. N'importe, on lui pardonne; on se borne à le tenir loin d'une sœur qu'il égarait. S'il sait mettre à profit la leçon qu'il reçoit, rien ne sera perdu, entends-le bien. Allons, ma chère enfant, oublions le passé, et soyons plus raisonnable à l'avenir. Montre que tu respecteras ma volonté, et que le caprice insensé n'est plus ton maître.

— Le caprice! s'écria Berthe; quel caprice peut entrer dans un cœur soumis à la volonté de Dieu?

— Mais Dieu, reprit mon oncle, ordonne d'obéir aux parents; l'ignores-tu?

Comme ma sœur ne répliquait pas :

— Enfin, continua mon oncle, tu comprends ton devoir, ma chère Berthe. Je vois, à présent, que tu ne veux plus me contrarier.

Ma sœur gardait toujours le silence. Mon oncle en conclut qu'elle se taisait par pudeur, et il en conçut une sorte d'espoir dont il se contenta pour le moment. Il s'empressa de communiquer à Marien ses impressions. Celui-ci, averti de tout, attendait les renseignements de son ami, et il les reçut comme autant de données propres à le satisfaire.

— Traite cette enfant avec douceur, dit mon oncle. Elle manque d'expérience, mais elle n'est pas méchante.

— Je ne négligerai rien de ce qui peut l'apprivoiser, repartit Marien.

Marien vit ma sœur; il affecta, en paraissant devant elle, des dehors affables. Il se montra très chagrin des contrariétés qu'on lui faisait su-

bir. Il les croyait en rapport avec ses vrais intérêts. Il n'entendait, du reste, user d'aucune violence, il pensait posséder d'autres moyens de
faire la conquête d'un cœur.

— Que vienne la sécurité publique, continua-t-il, et l'on verra si j'étais l'ennemi de la religion et des honnêtes gens. Ceux qui se plai-
gnent sont précisément les personnes qui nous
poussent aux mesures de rigueur, par leurs intrigues criminelles contre la république. Votre
oncle vous a parlé de votre frère; Robert est encore le maître de sa destinée, il ne tient qu'à lui
de la rendre heureuse et même brillante. Quant
au curé, j'attends uniquement de lui qu'il accomplisse son devoir. En un mot, que tous vos
amis soient raisonnables, et ils seront contents
de moi.

Ma bonne sœur n'avait osé encore faire aucune question, ni sur le curé ni sur d'autres personnes bien chères.

Quand elle entendit les dernières paroles de
Marien, elle espéra que le sort de ces infortunés
était encore en suspens. Cédant, dans cette pensée, à l'entraînement de son âme généreuse, elle
s'écria :

— Ah! que Dieu vous récompense!

— Vous le voyez, reprit Marien, je ne suis
pas aussi méchant qu'on veut le dire. Me juge-
rez-vous encore indigne de vous?

Cette nouvelle avance, venue presque à l'improviste, troubla la pauvre Berthe. Elle s'efforça néanmoins de faire bonne contenance en face d'un homme à qui elle arracherait, peut-être, quelque victime.

— Je sens, dit-elle, tout le prix de votre bienveillance; vous y mettrez le comble, et vous m'attacherez par les liens d'une plus vive reconnaissance, si vous m'accordez une entrevue avec ce digne pasteur dont la vie est entre vos mains. Je vous promets que je n'abuserai pas de cette faveur.

On voit par là que Berthe éprouvait des doutes sur le sort du malheureux prêtre. En ce moment critique, elle voulait plus que des paroles. L'épreuve était dure pour le fourbe, qui s'était trop avancé.

— N'avez-vous pas déjà pris conseil du curé? repartit Marien, d'un ton où perçait une sombre humeur; auriez-vous besoin de vous confesser depuis que vous l'avez vu? ou bien suspectez-vous ma sincérité? Savez-vous que je me tiens pour offensé d'une telle demande?

— Je n'ai pas cru vous manquer, reprit Berthe, en vous suppliant de m'accorder une grâce de cette nature. Pour vous montrer combien mes intentions sont pures, je vous prie de vouloir être, vous-même, témoin de tout notre entretien.

— Sachez, dit Marien, que depuis votre fuite

imprudente, je suis devenu suspect. Le curé est gardé à vue. Une visite de votre part nous perdrait tous, en confirmant les fâcheux soupçons conçus contre nous. On m'accuse, moi, d'être trop indulgent pour le curé et pour les vôtres; entendez-vous, Berthe? Si nous ne pouvons plus choisir aucun témoin, même le curé, pour conclure nos affaires de famille, à qui doit-on s'en prendre?

— Mon frère, demanda Berthe, du moins mon frère ne pourrait-il venir, pour cette seule fois?

— C'est une folie d'y songer, répliqua Marien, en qui le dépit concentré s'aigrissait de plus en plus.

— Alors, reprit ma sœur, il convient d'ajourner nos desseins.

— En attendant d'autres chances, ajouta Marien, qui se contenait à peine; et, avec elles, la main de Charles, peut-être?

Le rouge monta au visage de Berthe. Marien l'observait d'un air ombrageux et malin. Berthe ne se laissa pas déconcerter par cette bravade insolente d'un monstre poussé à bout. Son indignation, soulevée par l'outrage, lui donna toute la fermeté dont elle avait besoin.

— Pourquoi, repartit-elle d'un ton digne et résolu, me parlez-vous d'un personnage que je ne vous nomme pas?

— C'est justement parce que vous l'excluez

de vos faveurs, que moi, plus généreux que
vous, je me permets de le rappeler à votre souvenir, cet ami qui attend, sans doute, son salut
de votre entremise.

Ces paroles, où respirait l'ironie la plus amère,
firent bondir le cœur de Berthe.

— Ah! vous gardez le silence, reprit Marien
après quelques instants d'attente; je le vois, j'ai
touché la corde sensible...

— Qu'ai-je à répondre, répliqua ma sœur, à
un homme qui en sait plus que moi sur le compte
d'autrui, et qui ne me donne aucun espoir?

— Allons, allons, interrompit Marien, ne
croyez pas m'abuser. Je connais toute votre histoire. Votre oncle m'assurait que vous n'entriez
pour rien dans les projets de Robert et de Charles. J'ai bien voulu le croire, par respect pour
vous. Aujourd'hui la vérité se fait jour et je me
trouve le moins dupe de tous.

Berthe restait muette devant ce tigre qui goûtait une joie barbare à déchirer son pauvre
cœur. A la fin, n'y tenant plus, elle s'écria :

— On ne m'a pas trompée en me signalant
l'assassin...

— Qu'ose-t-on dire? interrompit brusquement
Marien...

— Oui, continua ma sœur avec toute la har-
diesse que donnent la douleur et le mépris mêlés, oui, le sort du curé était réglé : lui arracher

sa bénédiction et le conduire à la mort, tel était votre plan exécrable.

Hélas! Berthe allait se repentir de ce mouvement d'indignation, en songeant qu'elle compromettait de plus en plus le sort de ses amis infortunés; mais le monstre prévint d'inutiles regrets en jetant le masque et en disant :

— Misérable, c'est ton caprice qui a tout perdu. Tu ne dois imputer qu'à toi-même la disgrâce des tiens. Par pitié pour toi, je te laisse encore quelques moments pour réfléchir.

Marien sortit en jetant sur Berthe un regard furieux. Mon oncle et lui attendirent en vain un changement de résolution. Ni prières ni menaces ne purent gagner ma sœur. Le proconsul n'écoutant plus que sa jalouse envie, et afin que nul autre ne pût posséder un cœur dont il n'avait pas su se rendre maître, la fit subitement enlever et conduire prisonnière dans la capitale : Georges Réville ne verrait pas couler le sang de sa pupille. Son ami voulait bien lui témoigner cet égard. Il ne craignait rien, d'ailleurs, des récriminations de sa victime. Pour se rendre compte de sa sécurité, outre son crédit et les moyens dont il savait se prémuir contre toute éventualité, l'on n'a qu'à jeter un coup d'œil rapide sur les actes et les formes judiciaires, à cette époque.

XV. — Les prisons et les procédures.

On évaluait alors à plus de deux cent mille le nombre des Français détenus comme suspects, c'est-à-dire comme dignes de mort. Les forts escarpés, les monastères, les hôtels somptueux, les colléges, les châteaux, les maisons de plaisance étaient transformés en prisons d'Etat; on en comptait quarante-deux dans Paris. L'encombrement était tel, qu'un palais comme le Luxembourg, qu'un lieu de délices comme Chantilly, présentaient partout des gênes et des tortures aux captifs. Tel propriétaire était arrêté dans l'hôtel bâti par lui, et y payait son logement et ses gardiens. Plusieurs autres suspects, et en général tous les nobles chassés de Paris et des villes importantes, et parqués dans diverses communes sous la clef des comités révolutionnaires, en attendant qu'il se fît pour eux un peu de vide dans les prisons, subissaient les mêmes frais de station et de surveillance. Figurez-vous, maintenant, un nombre encore plus grand de proscrits; les uns frappés du terrible *hors la loi*, pour s'être dérobés au supplice, et livrés, dans leur fuite, à toutes les horreurs des parias des Indes; les autres, cachés dans des greniers, dans des caves, dans des fermes, dans des moulins; d'autres, prêts à acheter, des restes de leur fortune, un faux passe-port; d'autres, munis de ce gage incertain de salut, introduits, sous des noms supposés, dans l'atelier de l'artisan, gagnant un salaire dans une manufacture, employés dans les charrois, dans les fourrages, se donnant un air affairé, et quelquefois terrible, pour éviter tout soupçon; d'autres, cachés dans les rangs de nos soldats, et préférant la mort du champ de bataille à la captivité et au supplice; ceux-ci placés sur une liste d'émigrés pour s'être montrés partout avec confiance; ceux-là inscrits sur la même liste pour avoir cherché l'obscurité et la retraite.

Quant aux prisons, les rigueurs y suivirent un régime progressif. D'abord, il fut permis aux *suspects* de communiquer avec des parents, des amis intrépides et constants qui venaient les visiter; d'apporter avec eux quelques meubles; de se nourrir à leurs dépens, sous la condition de nourrir également plusieurs de leurs compagnons pauvres. A cette première époque, nommée *l'âge d'or des prisons,* on vit briller une politesse que le malheur commun rendait plus vive et plus touchante. On se félicitait quelquefois d'être réuni à ce que la France possédait d'illustre et d'aimable; on cherchait à se plaire; on aimait à montrer des égards libres et courageux à des grands affables et humains, même avant l'infortune. Le soir, dans une salle commune, on chassait l'ennui par les ressources de l'esprit et du talent. Jamais on n'avait mieux compris ce que vaut l'union intime et sincère; il appartient à l'épreuve de révéler ce secret.

Mais c'eût été là une compensation insuffisante d'une situation pareille, si la religion n'était venue purifier, sanctifier et affermir les sentiments dont tous les cœurs se laissaient peu à peu pénétrer. C'est aux femmes que revint la principale gloire de l'apostolat. On les entendait commenter l'Evangile, montrer le royaume des cieux promis à ceux qui souffrent et qui espèrent en Dieu; elles récitaient la prière chaque jour, comme en famille. Elles eurent le bonheur de ramener à la foi d'orgueilleux incrédules; c'est ainsi que madame de Clermont-Tonnerre eut la douce satisfaction de voir le cœur de La Harpe, cet élève de Voltaire, s'ouvrir tout-à-coup aux vérités célestes.

On ne sentit jamais mieux le prix de la croyance chrétienne qu'alors que tous les premiers adoucissements de la captivité furent retranchés; et ceci arriva après la loi du 22 prairial. On eut à souffrir, dès ce moment, toutes les horreurs de la plus affreuse captivité : nourriture infecte et malsaine; traitement brutal de la part des geôliers; espionnage organisé dans les prisons, où des émissaires des comités se mê-

laient aux victimes, épiaient une plainte, un regret, une raillerie, et, quand rien ne donnait
prise à la délation, forgeaient un conte et venaient servir de témoins contre les accusés tra-
duits au tribunal. C'est ici que la destinée des
prisonniers prend son caractère le plus sombre
et le plus effrayant.

Qui pourra dépeindre ces moments lugubres
où les huissiers du tribunal révolutionnaire ap-
portaient dans les prisons les mandats de com-
parution? Leur arrivée s'annonçait de loin par
le bruit criard de longs chariots destinés à
transporter les détenus, et que l'on nommait des
bières roulantes. Tantôt les huissiers faisaient
les appels de mort dans une cour, en présence
de tous les prisonniers, et, pour jouir de leur
terreur, laissaient à dessein d'assez longs intervalles d'un nom à un autre; tantôt ils les appe-
laient la nuit, le long des corridors; le moindre
retard dans la réponse leur fournissait des prétextes pour des fureurs atroces. Ils n'admettaient
point les excuses des malades, des moribonds :
leurs listes, faites à la hâte, fourmillaient d'erreurs et de méprises; ils consentaient rarement
à les rectifier.

— Autant de pris, disaient-ils au détenu qui
n'aurait point dû être appelé; si ton tour vient
plus tôt, tu auras moins à languir; crois-tu qu'on
soit embarrassé à te trouver des crimes?

De nobles cœurs s'applaudirent quelquefois d'être les objets de ces méprises fatales. Un père fut pris pour son fils ; monsieur de Loiserolles, au lieu de réclamer, s'empressa de se mettre dans les rangs des victimes marquées pour ce jour. Devant le tribunal, il se laissa imputer tous les crimes reprochés à son fils, et il joua si bien son rôle, qu'on n'eut pas le temps de soupçonner la ruse héroïque ; monsieur de Loiserolles fils fut ainsi sauvé. Une pauvre fille, n'ayant pu sauver sa mère par ce moyen ingénieux, se jeta aux pieds des émissaires de Fouquier-Tinville pour obtenir de l'accompagner à l'échafaud. Madame de Narbonne reçut ce gage de fidélité de sa femme de chambre.

Vous devez, par là, juger de l'équité des procédures.

— Votre nom, disait le président en s'adressant à l'accusé conduit devant lui.

— Je suis un tel, répondait l'accusé.

— Vous êtes prévenu de conspiration.

— Je nie le fait.

— Tout cas est niable, ajoutait le juge ; et si l'accusé insistait, on se déclarait suffisamment instruit.

— N'êtes-vous pas ex-noble ? demandait-on à un autre.

— Oui.

— Cela suffit.

— Et toi, continuait le juge, en apostrophant un troisième, es-tu noble?

— Je suis un paysan.

— C'est bon.

— Tu es prêtre, toi, poursuivait le président, quand un quatrième paraissait.

— Oui.

— C'est assez.

Ainsi procédait l'affreux tribunal. A peine une question, et presque toujours la condamnation avant d'avoir reçu la réponse. Toutes les réflexions qu'on se bornait à faire consistaient en des outrages, ou en d'ignobles railleries.

— Pare cette botte, disait le président à un maître d'escrime qu'il condamnait à mort.

— Cette femme est sourde, disait l'un des juges.

— Eh bien! répliquait l'autre, elle a conspiré sourdement.

— Je n'ai que seize ans, dit un jeune adolescent, interrogé sur son âge.

— Tu en as quatre-vingts pour le crime, répondit le président.

Un vieillard ne pouvait parler parce qu'il avait une paralysie à la langue.

— Ce n'est pas sa langue, mais sa tête que nous voulons, dirent les juges.

— A quoi bon prolonger la procédure, dit un

des jurés; tous ces gens-là ont conspiré contre
mon ventre en retardant mon dîner.

— *Feu de file!* s'écriait un autre des princi-
paux juges; il nous faut, pour la décade de demain, quatre cent cinquante têtes.

— Mettons, disait un nommé Vadier, mettons
un mur de têtes entre le peuple et nous.

— Le tribunal révolutionnaire, ajoutait Billaud-
Varennes, croit faire un grand effort quand il fait
tomber soixante-dix ou quatre-vingts têtes; un
nombre monotone cesse bientôt d'inspirer la terreur, on s'y habitue : il faut le doubler... Que
vous êtes faibles à Paris, faisait Collot-d'Herbois;
que vous vous ressentez bien de la mollesse
d'une grande capitale! Ne sauriez-vous habituer
vos oreilles au bruit du canon? Il est timide d'é-
gorger ainsi les ennemis de la patrie; il faut les
foudroyer, je vous l'ai dit cent fois. Une mine
sous toutes les prisons; un seul holocauste à la
patrie, dans une immense explosion.

D'autres proposaient les bateaux à soupape de
Carrier. Parmi les divers motifs qu'on a recher-
chés à cette fureur de vouloir anéantir d'un seul
coup tout ce que les prisons renfermaient de suspects, en voici un qui a paru toucher certains
écrivains du temps. Plusieurs des tyrans révolutionnaires avaient trouvé le moyen de se mettre en relation avec certaines familles opulentes.
Les uns y étaient attirés par le plaisir de la ta-

ble, d'autres par quelque passion criminelle,
d'autres par la cupidité, d'autres enfin par l'a-
mour de toutes les jouissances que peut procurer
la fortune. Il arriva plus d'une fois que le cœur,
entraîné par quelque attrait séducteur, ou par la
vapeur du vin, se laissa aller à des confidences
compromettantes : le secret d'un club se trouvait
livré par celui-ci; un plan de campagne vendu
par celui-là; une intrigue dévoilée par tel autre;
une prétention avouée par un quatrième; d'où il
arrivait que des regards profanes pouvaient pénétrer dans une foule de mystères des Jacobins.

Lorsque l'effervescence se calmait et que l'esprit reprenait sa marche ordinaire, on réfléchis
sait à tout cela, on calculait toutes les suites de
ces imprudences, et l'on ne découvrait qu'un seul
remède au mal qu'on n'avait pas su prévenir :
c'était de faire disparaître les confidents et les
témoins des aveux indiscrets qu'avaient arrachés
une faiblesse et un délire passagers. Mais comme
quelques-uns de ces confidents et de ces témoins
redoutés étaient déjà arrêtés, soit par méprise,
soit par des émissaires étrangers aux relations
cachées des chefs; et comme ensuite ces prisonniers, qu'on ne savait plus reconnaître dans la
grande multitude, allaient être tentés de parler
devant les juges, tant par vengeance que pour
se justifier, on se voyait conduit, pour leur fermer la bouche, à faire sauter toutes les prisons,

à renouveler les noyades de Nantes et les mitraillades de Lyon.

Quoi qu'il en soit, le chiffre des exécutions s'accrut à tel point, que l'on se vit contraint de faire construire, dans le faubourg Saint-Antoine, un aqueduc destiné à rouler du sang.

La confusion et les méprises du régime des prisons et des procédures, occasion de salut pour d'autres, furent précisément ce qui hâta la triste destinée de Berthe.

. . . .

. . . .

La terrible sentence vint atteindre ma sœur.

L'infortunée! quelles consolations reçut-elle à ses derniers instants? Dieu, qui se plaît à se communiquer aux cœurs simples et purs, aura daigné soutenir, dans cette dernière et cruelle épreuve, celle qui l'aimait par-dessus tout, et qui plaçait en lui toute sa confiance.

La fatale charrette vint la prendre à la Conciergerie pour la conduire au supplice.

Le curé et les deux amis appelés à la sauver furent retenus dans le lieu de leur arrestation. Euloge les fit comparaître devant son tribunal. Ces hommes généreux confessèrent courageusement leur foi en face de la guillotine dressée sur la place publique. Le prêtre récita à haute voix le *Credo*. Il déclara que c'était là la seule vraie

doctrine, et, en scellant de son sang cette subli-
me profession de foi, il imita le bon pasteur donnant sa vie pour son troupeau.

Charles, le fiancé de ma sœur, fut dirigé dans
la capitale, pour des crimes prétendus de haute
trahison, et, sans doute, afin de lui arracher le
secret de quelque complot. Les méchants en sup-
posent toujours ; leur conscience ne leur laisse
aucun repos ; il n'est pas de paix pour l'impie.
Charles languit plusieurs semaines dans une
noire prison. Chaque jour, à chaque heure, il
attendait, avec d'autres malheureux, la visite du
commissaire chargé de les traduire devant les
juges. Cet homme n'arrivait pas. De là pour
tous la prolongation d'une inexprimable agonie.

Enfin, cet agent sinistre paraît. Il tient à la
main un écrit.

— C'est notre arrêt, se disent tout bas les
prisonniers.

Le commissaire, qui devine ce mouvement
intérieur, s'approche de Charles comme paraissant le plus distingué de tous, et lui dit d'un ton
railleur :

— Citoyen, ta sentence est prononcée, je vais
t'en faire lecture. Ecoute, la voici : « La Convention nationale, en vertu de ses pouvoirs reconquis, ordonne la mise en liberté des citoyens
détenus ici. » Préparez-vous, dans quelques ins-

tants l'ordre que vous venez d'entendre sera exécuté.

Le commissaire disparaît aussitôt. Les prisonniers n'osent en croire leurs oreilles. Ils se regardent avec stupeur. « Si l'on nous tendait un piège, à l'exemple du tigre caressant sa victime avant de la dévorer, » ainsi pensaient quelques-uns : l'on était si peu accoutumé à recevoir des sentences pareilles ! La défiance et le doute cessent bientôt. Des gardiens viennent au bout de quelques moments ouvrir les portes de la prison et remettre à chacun des détenus des cartes de sûreté pour regagner leurs foyers sans obstacle.

La tête de Robespierre venait de tomber sous la fatale machine. Les vainqueurs du 9 thermidor inauguraient leur triomphe par l'élargissement d'un grand nombre de prisonniers.

Cet événement semblait avoir tout changé. Le deuil s'effaçait et faisait place je ne sais à quelle ère d'espérance et de sécurité. La confiance renaissait dans les cœurs. Les rapports entre amis, entre familles, se renouaient. On osait parler et même se plaindre. On comptait, chacun selon ses vues et ses intérêts, sur des retours de fortune.

Charles revint, sans aucun retard, dans ces lieux d'où la violence l'avait enlevé. Il y avait en lui tant d'incertitudes à dissiper, tant de craintes à calmer, tant d'espoir à réaliser. Il ne

10

dévait pas éprouver longtemps les émotions des
noirs pressentiments et des espérances. Il mettait à peine le pied sur le seuil du foyer domesti-
que, que mon oncle, gravement malade, le fit
supplier de venir.

Georges Réville, en apprenant le sort de sa
nièce et les derniers événements qui suivirent
de près son supplice, tomba dans un état terrible. L'image de Berthe se présentait sans cesse
à son esprit. Il voyait cette pauvre orpheline
abattue sous les coups du malheur, implorant
en vain la pitié d'un parent dénaturé, et suc-
combant enfin à la tempête comme une plante
sans appui.

— Ma sœur, disait-il en lui-même, place ses
deux enfants sous ma tutelle. Elle se console
d'en être séparée, dans la pensée que je servirai
de père à ces chers objets de sa tendresse ; et,
de ces deux êtres confiés à mes soins, l'un tombe
sous le couteau sanglant de la Terreur, et l'autre
gémit dans l'exil ; et tout cela arrive par mon
ambition et mon aveugle confiance en un scélérat disposé peut-être à me sacrifier moi-même.

Mon oncle était continuellement obsédé de ses
tristes réflexions. Rien ne saurait redire le mouvement de joie qui se fit en lui à l'apparition de
Charles. Il avait craint que ce jeune homme ne
refusât de se rendre à son invitation. Il existait
des souvenirs si odieux, hélas ! mais Charles, à

qui l'on révéla la déplorable situation de Georges Réville, ne songea plus au passé, et ne s'occupa que d'apporter des soins généreux à son ancien persécuteur.

— Oh! s'écria mon oncle en le voyant, je reconnais bien là ce cœur magnanime dont me parlait si souvent Robert.

Ce qui mit le comble à la douleur de Charles, dans les divers aveux de ce nouveau confident, ce fut d'apprendre la fin si malheureuse de sa fiancée et l'exil de son ami. Au milieu des entretiens qu'ils eurent ensemble, Georges et Charles cherchaient à se concerter sur les moyens de réparer tout ce qu'il y avait encore de réparable dans les maux de ma famille. Il était question de mon retour; il s'agissait aussi de révélations propres à confondre et à perdre Marien que les affaires de la capitale ébranlaient déjà. Malheureusement, une crise subite et imprévue jeta mon oncle dans un délire qui amena sa mort.

D'affreux soupçons s'élevèrent à ce sujet. On parlait de poison. Chacun nommait à part l'auteur du crime. Certaine visite rendue au malade et suivie d'un dénouement si rapproché, signalait Marien à l'opinion publique. On ne put donner suite à ces horribles soupçons. Marien sut maintenir sa dictature. L'infortuné Charles succomba au chagrin au bout de quelques jours.

Ah! ce mystère d'iniquité resté dans l'ombre

jusqu'à cette heure, je suis ici pour l'éclaircir...
En attendant, je ne veux pas vous laisser ignorer la suite de ce drame, que mon récit n'a pu
encore embrasser tout entier.

XVI. — Révélation de divers mystères.

Vous vous rappelez, sans doute, monsieur
Frédéric Werther, l'ami de monsieur Hermann,
mon bienfaiteur en Allemagne. Je voyais cette
maison à cause de ses relations fréquentes avec
celle de mon patron. Ces visites amenèrent né-
cessairement des rapports entre Henri Werther,
neveu de Frédéric, et moi, surtout depuis que la
paix de Lunéville eut laissé à ce jeune officier
de nombreux loisirs.

Ce jeune homme, vous vous en souvenez, recherchait la main de Charlotte Hermann. Cette
charmante et riche héritière montrait de la froi-
deur et, pour tout dire, de l'éloignement pour
son prétendant. Comme elle était pleine d'attention et de bienveillance pour moi, et qu'elle s'en
cachait d'autant moins que ses intentions étaient
plus innocentes, Henri Werther n'écoutant que
son caractère fier et ombrageux, voulut trouver
un rival en moi. Cette idée grandit de plus en
plus dans son esprit, à mesure que son imagination y dénaturait les motifs des soins et des

prévenances dont j'étais l'objet. Mon malheur ne justifiait-il pas assez les procédés généreux d'une âme charitable? Henri Werther les interpréta tout autrement. Son aveugle jalousie lui fit concevoir l'affreux dessein de me perdre. Le moyen qu'il imagina lui réussit parfaitement. Le personnage puissant qui seconda si bien les desseins de Marien, contre ma sœur et moi, était en plus grande faveur que jamais. Ses idées toutes françaises étaient partagées par le souverain du duché; Charles-Frédéric de Bade devait à Napoléon son titre d'électeur avec augmentation de territoire. Il espérait devenir grand-duc, comme cela arriva plus tard. Il tenait donc à se ménager les faveurs du premier consul. L'illustre général comptait assez sur ses sympathies pour ne pas craindre une rupture dans le coup qu'il méditait.

Comme vous le savez, le gouvernement français supposait une vaste conspiration tramée sur les bords du Rhin, par l'influence et sous la conduite du duc d'Enghien. Lorsqu'il conçut le projet de faire arrêter ce prince, il mit le personnage en question dans son secret. Ce personnage, j'ignore par quelle entremise, depuis le traité de Lunéville, était devenu le confident intime du cabinet des Tuileries. On se reposa particulièrement sur lui du soin délicat de préparer son souverain à la mesure qu'on allait prendre, et de la lui faire approuver. Il eut aussi pour mission de surveiller les émigrés et de signaler tous ceux qui lui paraîtraient suspects de complicité dans la co.. .iration prétendue.

Henri Werther, un des favoris du personnage, connaissait le rôle dont il était chargé. C'est là qu'il vit l'occasion propice à l'exécution de son dessein de vengeance. Je fréquentais le noble duc; je trouvais chez lui un accueil bienveillant et flatteur, à tel point que Henri en paraissait jaloux. C'était pourtant aux recommandations de son oncle que je devais ces marques de bonté. Frédéric Werther m'avait procuré, dans sa propre maison, le moyen de me faire connaître du prince. Mais les temps changeaient, la fortune prenait un nouveau cours. Henri Werther, que dominait l'ambition autant que l'envie, ne songea plus à chercher, dans les témoignages d'aimable attention que je recevais du magnanime Condé, que la preuve d'un crime dont les suites devaient m'être très funestes. Il eut d'autant moins de peine à me noircir, que j'étais déjà signalé comme un des agents les plus remuants du parti suspect. Christophe, toujours fidèle à Marien, ne me perdait pas de vue, et ne négligeait aucune occasion de me nuire et d'entretenir son puissant protecteur dans les odieuses préventions qu'il avait si bien su lui inspirer contre moi. Vous comprenez par là que Marien et Christophe, devenus les hommes du consulat, n'avaient rien perdu de leur influence non plus que de leur criminel acharnement à poursuivre leurs sourdes machinations. Il ne faut point chercher ailleurs l'origine du lâche guet-apens où m'attira le mendiant Auber. Cette même nuit, l'infortuné duc d'Enghien fut arrêté dans sa demeure. Les prétendus compatriotes venus à ma rencontre, dans la caverne, étaient des agents de mes ennemis personnels, expédiés pour me tirer des renseignements destinés, avant tout, à servir de témoignage contre moi, et peu utiles, du reste, pour le grand attentat concerté.

On me jeta, après le trajet rapide dont je vous ai déjà parlé, on me jeta, dis-je, sur un vaisseau. J'eusse voulu être traduit devant un tribunal; écouter les griefs qu'on m'imputait, y subir même une condamnation, à la condition d'y faire entendre ma défense; cette triste faveur, qu'on accorde toujours aux plus grands criminels, me fut refusée.

L'officier qui me témoigna une certaine attention durant la traversée, initié aux intentions de mon principal persécuteur, portait la consigne secrète de se défaire de moi, à la première occasion favorable. Il ne se croyait pas embarrassé pour y réussir. Le lieu désigné pour mon séjour offrait à ce traître plus d'un moyen d'accomplir ce qu'il avait promis. Il fréquentait depuis long-

temps ce rivage, comme marin, et il s'y était
créé des connaissances de plus d'un genre.

En me plaçant chez monsieur Gessner, il en-
trevoyait, en quelque façon, dans le libertin
Thomas Gessner, son camarade de débauche,
l'instrument de son projet homicide. Il ne se
trompait pas dans ses conjectures; Thomas, une
fois au courant de cette affaire, s'engagea à répondre à ses désirs. Le scélérat songeait déjà,
peut-être, au triste drame qui eut lieu plus tard
dans cette maison, et où j'allais être sacrifié à la
plus horrible intrigue sans la vigilance et le dévouement de l'Indien, mon fidèle ami.

Il est facile de deviner les motifs de la persé-
vérance que Marien a montrée et doit montrer
encore dans sa haine et dans ses poursuites. Dé-
tenteur de mon patrimoine à des titres plus que
contestables, il tient à s'affranchir de toute ré-
clamation légitime. Or, nul ne peut l'inquiéter
que moi. Je suis le dernier et l'unique représentant d'une famille injustement dépouillée. Est-il
étonnant qu'un homme de ce caractère se soit
efforcé d'être délivré d'un prétendant importun
et dangereux?

Mais alors, pourquoi ne pas frapper un coup
décisif après le sacrifice de ma sœur, et surtout
de mon oncle? Assurément, les occasions n'ont
pas manqué. Sans parler de tant d'autres motifs
restés cachés, Marien n'a pu chasser de sa mé-

moire les murmures accusateurs arrivés à ses oreilles à la suite de la fin si étrangement précipitée de Georges Réville.

Des amis l'avaient instruit des sourdes rumeurs circulant partout. L'esprit public, depuis lors moins pressuré et raffermi par le mouvement des affaires politiques, se prononçant de plus en plus, chaque jour, pour la justice et la morale, a imposé une sorte de sentiment de pudeur et de crainte jusqu'aux plus atroces scélérats.

C'est en grande partie à de telles causes que je dois, n'en doutez pas, de vivre encore, et de me retrouver ici avec vous, par un concours providentiel de circonstances qui m'ont servi en trompant les barbares espérances de mes perfides persécuteurs et en déjouant leurs homicides desseins déguisés sous des ménagements hypocrites.

A la suite des faits que vous venez d'entendre, mon compatriote, en me recommandant la plus grande réserve, me traça la marche à suivre pour la réussite des projets que je médite contre Marien; il me fournit des renseignements d'une grande valeur : il fallait, avant tout, me confier, en évitant de révéler d'abord ma présence dans mon pays, à un ami fidèle, capable de s'intéresser à mon sort et de me vouer ses sympathies.

Vous voyez comme j'ai su me conformer à ses sages conseils en m'adressant à vous.

Je ne vous dirai rien de la vie antérieure de Joseph Western. Ce serait vous découvrir un tableau qui doit rester voilé à jamais. A cette heure, cet homme répare, selon son pouvoir, ses erreurs passées. Il s'est fait une position aisée en Amérique, et il renonce à revoir sa patrie, où se réveilleraient de trop navrants souvenirs. Je prie Dieu de lui pardonner des égarements qu'il s'efforce si bien d'expier.

Les prévisions du missionnaire se réalisèrent; les heureux jours dont il pressentait l'approche et dont il m'avait maintes fois entretenu se levèrent enfin pour la France, mais bien plus tard qu'il ne croyait. Conformément aux nouvelles parvenues à Joseph Western, l'antique maison de nos rois reprit le cours de son règne interrompu par de terribles événements. Aussitôt que nous en eûmes la nouvelle certaine, nous songeâmes, moi et d'autres exilés, à revenir dans notre patrie, d'où les méchants nous avaient chassés. Le missionnaire, retenu loin de son but jusqu'alors, se joignit à nous et voulut bien se charger de moi. Je le voyais assez souvent, durant mon séjour dans cette ville que nous habitions, et je le tenais au courant de mes affaires. Quand le moment favorable pour s'embarquer fut arrivé, je dis adieu à mon compatriote Joseph

Western et à mes nouveaux patrons, emportant le souvenir de mille et mille bontés de leur part. Je reçus de leur main plus que ne méritaient mes services, et de quoi me suffire encore long-temps, les frais de mon retour payés.

Nous avons eu à supporter deux tempêtes af-freuses. La première, de trente-six heures, éclata dix jours après notre départ, les vagues de la mer semblaient vouloir abîmer notre frêle na-vire; des masses immenses d'eau se déchar-geaient sur le pont. Leurs secousses continuelles et violentes le penchaient de tous côtés. Le sif-flement de l'orage au travers des cordes de la mâture inclinée, ajoutait à l'horreur du tableau. D'épaisses nuées couvraient le ciel d'un voile noirâtre, qu'aucun rayon du soleil ne pouvait percer. Le tonnerre grondait par intervalles, et la pluie tombait comme un déluge. Nous n'avons pas eu d'autre mal que la peur.

La seconde tempête a été moins longue, mais plus violente. Elle nous a jetés un instant dans le danger le plus prochain d'un naufrage. Nous avions à gauche un banc de sable, à droite de sinistres écueils, où nous poussaient à la fois l'impétuosité du courant et le tourbillon de la bourrasque. La voix brève du capitaine donnant, coup sur coup, des avis pressés et énergiques, nous annonçait quelque malheur. Le mission-naire nous exhorta à prier; nous invoquâmes tous celle qu'on nomme l'étoile de la mer. Le bon Père récitait le chapelet, et nous répondions tous avec une ferveur incomparable. La reine du ciel nous exauça, et son secours, imploré avec une tendresse filiale, donna à nos braves pilotes une victoire complète sur l'élément tourmenté. Après six semaines de navigation, nous revîmes la terre désirée.

Joseph Western ne se trompait pas : Marien, ainsi que je l'appris aussitôt après mon débarquement, et comme vous le savez encore mieux vous-même, a su capter la faveur du nouveau gouvernement, et conserver sa position. La crainte a, sans doute, fermé la bouche à ses adversaires. Ils ont préféré le silence à une lutte où ils ne se croyaient pas assurés de réussir contre un homme possédant toutes les ressources inconnues du génie du mal.

Il va enfin être affronté, cet homme si fier et si dangereux. Je vais me préparer à l'attaque avec prudence et sans bruit. Mon premier soin consistera à ne point vous compromettre, et à ne m'avancer qu'après m'être pourvu d'armes irrésistibles. Je ne dois point oublier les devoirs de l'amitié, non plus que les recommandations de Joseph Western. Soyez-en convaincu, mon espoir se réalisera; j'en ai déjà des gages certains. Grâce à la bienveillance du missionnaire, toujours la même pour moi, j'ai trouvé de tout-puissants protecteurs. Ils agiront généreusement, et contribueront efficacement, j'ose le croire, au succès de l'affaire qui m'intéresse à un si haut degré.

Ici se termine le récit de Robert. Il resta un mois environ dans ma famille, gardant l'*incognito* sous le nom d'un parent de mon épouse. Ses démarches aboutirent où il voulait. Il se procura tous les moyens de confondre son adversaire. Marien fut convaincu du double crime d'homicide et d'usurpation. Il avait donné la mort à Georges Réville pour demeurer maître de sa fortune. Tombé en disgrâce et sur le point de subir le juste châtiment de ses innombrables forfaits, il fut attaqué d'une fièvre qui lui épargna l'échafaud. Dans son délire incessant, il répétait souvent les noms de Berthe, Robert, Réville, etc. Il avouait ses scélératesses et ses cruautés à leur égard. Il expira dans les plus horribles convulsions, à la suite d'une effrayante agonie.

Robert rentra en possession de son patrimoine. Les héritiers de Marien ne furent pas appauvris pour cela; ils gardèrent encore des ressources considérables; mais la honte qui s'attachait à leur nom les obligea de s'expatrier.

ÉPILOGUE

Robert jouit pendant trois ans de ses droits reconquis. Usé par les ennuis et les souffrances d'une vie passée dans les épreuves, il succomba à une maladie de langueur, me laissant une partie de ses biens, et donnant l'autre aux pauvres, ses voisins. S'il ne vécut pas assez pour ses amis, au moins eut-il le temps de goûter la joie des vives sympathies manifestées à son retour. Il put voir aussi, à côté de ces témoignages universels d'estime et d'affection, quelle réprobation générale frappait Marien. Le temps n'effaçait pas les souvenirs.

J'ai vu mourir cet homme, toujours fidèle aux pratiques de sa religion. Quel touchant, quel édifiant tableau! un infortuné rendu enfin à sa patrie, après des années de persécution, n'y retrouvant plus aucun parent; bénissant la Providence des dernières consolations qu'elle lui ménageait après tant de maux, comme il avait su la bénir dans toutes ses peines; quittant la vie présente avec le regret de se séparer de cœurs dévoués, mais aussi avec l'ineffable espoir de retrouver dans une vie meilleure d'autres cœurs restés fidèles; voilà ce que j'ai pu contempler et admirer. J'en garderai des impressions ineffaçables, m'estimant plus heureux d'avoir été honoré de l'amitié et de la confiance de Robert Milner, que des gages placés par lui entre mes mains pour en perpétuer la mémoire.

FIN.

TABLE.

TABLE.

CHAPITRE IX.

CHAPITRE X.

CHAPITRE XI.

CHAPITRE XII.

CHAPITRE XIII.

CHAPITRE XIV.

CHAPITRE XV.

CHAPITRE XVI.

FIN DE LA TABLE.

Limoges. — Imp. E. ARDANT et Cⁱᵉ.

9 782019 176679